내 맘대로

일본어

독학 단어장

내맘대로 일본어 독학 단어장

저 자 FL4U컨텐츠
발행인 고본화
발 행 반석북스
교재공급처 반석출판사
2024년 2월 5일 초판 3쇄 인쇄
2024년 2월 10일 초판 3쇄 발행
반석출판사 | www.bansok.co.kr
이메일 | bansok@bansok.co.kr
블로그 | blog.naver.com/bansokbooks

07547 서울시 강서구 양천로 583, B동 1007호
(서울시 강서구 염창동 240-21번지 우림블루나인 비즈니스센터 B동 1007호)
대표전화 02) 2093-3399   팩 스 02) 2093-3393
출 판 부 02) 2093-3395   영업부 02) 2093-3396
등록번호 제315-2008-000033호

Copyright ⓒ FL4U컨텐츠

ISBN 978-89-7172-947-2 (13730)

내 맘대로 일본어 독학 단어장

반석북스

일본어 공부는 왕도가 없다. 일본어를 정복하고자 하는 굳은 의지와 노력이 가장 중요하다. 다른 외국어 공부도 그러하겠지만 특히 일본어 학습은 단어와의 싸움이다. 많은 단어를 인내심을 가지고 내 것으로 만드는 습관이 무척 중요하다.

일본에서 공부하던 시절 많은 단어를 수첩에 적어놓고 반복해서 읽고 말하고 현지인과 소통하면서 내 머릿속에 차곡차곡 쌓았다. 그러던 차에, '이런 반복되는 언어 학습을 좀 더 재미있게 할 수는 없을까?' 하는 생각을 갖게 되었다. 그러다가 단어장의 단어에 그림들을 그렸고 잘 외워지지 않는 단어들을 기숙사에서 가장 잘 보이는 곳에 그림과 함께 단어 발음을 적어 붙여놓으면서 단어들을 익혀나갔다. 단순히 글로 익히는 것보다 훨씬 더 머릿속에 오래 남았다.

단어를 이미지화시켜 암기하는 방식이 단순히 글을 통해 암기하는 것보다 효과가 훨씬 크다는 것은 이미 여러 연구 자료를 통해 알려진 사실이다. 어떤 연구에 따르면 그림으로 외국어를 공부하는 것이 글로만 공부하는 것보다 10배나 효과적이라고 한다.

이런 전문적인 조사가 아니라고 해도 실제로 필자에게도 큰 효과가 있었다. 글만 나열되어 있는 단어장보다는 그림이 있는 단어장이 훨씬 덜 지루하고 재미가 있었다. 그래서 필자는 이미지를 통해 학습하는 일본어 책을 다수 저술하였고, 주위에 많은 분들이 보고 쉽고 재미있게 학습했다는 평을 많이 해주어 매우 만족스러웠다.

앞에서 얘기했듯이 일본어 학습은 반복에 반복을 거듭하여 자신의 것으로 만드는 것이다. 그래서 많은 인내심을 필요로 한다. 일본어를 필요로 하는 많은 독자들이 이 책과 함께 지치지 않고 재미있게 자신만의 방식을 찾아서 학습해나가기를 진심으로 바란다.

이웃나라 일본은 하루에 비즈니스 업무를 처리하고 돌아올 수 있는 아주 가까운 나라이자, 경제·문화적 교류 또한 매우 활발한 나라이기도 하다. 사정이 이렇다 보니, 직간접적으로 일본어를 필요로 하는 사람이 많아질 수밖에 없다. 이 책은 이미 오래 전부터 관심을 가져온 젊은층의 독자뿐 아니라 중장년층에게도 좀 더 쉽고 재미있게 단어를 익힐 수 있게 해 줄 것이다.

FL4U컨텐츠 저

목차

모든 언어 공부의 기본은 단어입니다. 말을 하고 글을 읽을 수 있으려면 단어를 알아야 하지요. 이 책은 일상생활, 여행, 비즈니스 등 주제별로 단어가 분류되어 있어 자신이 필요한 부분의 단어를 쉽게 찾아 공부할 수 있습니다.

또한 단순히 단어를 나열하기만 한 것이 아니라, 단어 옆에 이미지들을 함께 배치해 단어 공부를 더 효과적이고 즐겁게 할 수 있도록 구성하였습니다. 주요 단어와 관련되는 단어들도 수록했고, 이들 단어를 활용해 실생활에서 사용할 수 있는 대화 표현들이 함께 실려 있습니다.

또한 초보자도 쉽게 따라 읽으며 학습할 수 있도록 일본어 발음을 원음에 가깝게 한글로 표기하였고, 원어민의 정확한 발음이 실린 mp3 파일을 반석출판사 홈페이지(www.bansok.co.kr)에서 무료로 제공합니다. 이 음원은 한국어 뜻도 함께 녹음되어 있어 음원을 들으며 단어 공부하기에 아주 좋습니다.

Part 1 일상생활 단어
성별, 가족관계, 직업 등 개인의 신상에 대한 표현부터 의식주, 여가 활동 등에 대한 표현까지 우리가 일상생활에서 흔히 쓰는 단어들을 정리하였습니다.

Part 2 여행 단어
여행의 순서에 따라 단계별로 단어를 정리하였으며 일본의 대표적인 관광지도 함께 실었습니다.

Part 3 비즈니스 단어
경제, 증권 등 비즈니스 분야의 전문 용어들을 수록하였습니다.

컴팩트 단어장
본문에 수록된 단어들을 우리말 뜻, 일본어, 한글 발음만 표기하여 한 번 더 실었습니다. 그림과 함께 재미있게 익힌 단어들을 컴팩트 단어장으로 복습해 보세요.

이 책의 활용 방법

1. 주제별로 단어를 분류하였으며 일본어 단어를 이미지와 함께 효과적이고 재미있게 공부할 수 있도록 꾸몄습니다.

2. 일본어 원음에 가까운 한국어 발음을 병기하여 초보자들도 좀 더 가볍게 접근할 수 있도록 구성하였습니다.

3. 한국어 뜻과 일본어 단어가 모두 녹음된 mp3 파일이 제공됩니다.

Unit별 QR코드
해당 Unit의 음원을 제공하는 QR코드와 함께 편리하게 학습할 수 있습니다.

관련대화
주제와 단어에 관련된 대화를 수록하여 실생활에 활용할 수 있게 하였습니다.

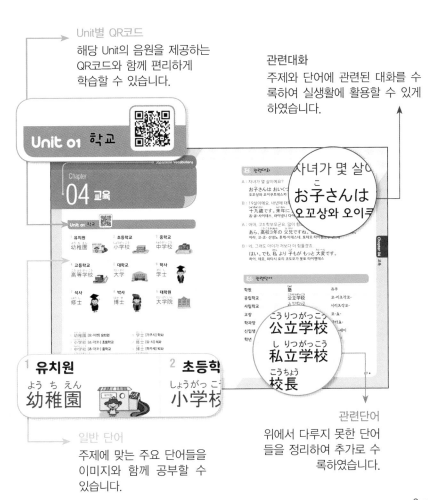

관련단어
위에서 다루지 못한 단어들을 정리하여 추가로 수록하였습니다.

일반 단어
주제에 맞는 주요 단어들을 이미지와 함께 공부할 수 있습니다.

안녕하세요.(아침)	おはよう ございます。 오하요- 고자이마스
안녕하세요.(낮)	こんにちは。 곤니찌와
안녕하세요.(밤)	こんばんは。 곰방와
날씨가 좋네요.	いい 天気<ruby>てんき</ruby>ですね。 이- 뎅끼데스네
잘 지내십니까?	お元気<ruby>げんき</ruby>ですか。 오겡끼데스까
덕분에 잘 지냅니다. 당신은요?	おかげさまで 元気<ruby>げんき</ruby>です。 あなたの ほうは? 오까게사마데 겡끼데스 아나따노 호-와
별일 없으세요?	お変<ruby>か</ruby>りありませんか。 오까와리 아리마센까
기분은 어떠세요?	気分<ruby>きぶん</ruby>は どうですか。 기붕와 도-데스까
오랜만이군요.	おひさしぶりですね。 오히사시 부리데스네
다시 만나서 반갑습니다.	また お会<ruby>あい</ruby>できて うれしいですね。 마따 오아이데끼떼 우레시-데스네

여전하군요.	相変わらずですね。 아이까와라즈데스네
뵙고 싶었습니다.	お会いしたかったんです。 오아이시타깟딴데스
별고 없으셨습니까?	お変りありませんでしたか。 오까와리 아리마센데시따까
세월 참 빠르네요.	歳月は 速いもんですね。 사이게쯔와 하야이몬데스네
오랫동안 소식을 못 드렸습니다.	ごぶさたしました。 고부사따시마시따
가족들은 잘 지내십니까?	ご家族の 皆さんは 元気ですか。 고카조꾸노 미나상와 겡끼데스까
모두 잘 지냅니다.	みんな 元気です。 민나 겡끼데스
부모님은 잘 지내십니까?	ご両親は お元気ですか。 고료-싱와 오겡끼데스까
요즘 어떻게 지내십니까?	この頃 どう 過されていますか。 고노고로 도- 스고사레떼 이마스까
그는 요즘 어떻게 지내 니?	彼は このごろ どうしているの? 가레와 고노고로 도-시떼 이루노

| 안녕히 가세요. | さようなら。 |
| | 사요-나라 |

| 안녕히 가세요. | ごきげんよう。 |
| | 고끼겡요- |

| 언제 가까운 시일에
또 만납시다. | いずれ 近いうちに また 会ましょう。 |
| | 이즈레 치까이 우찌니 마따 아이마쇼- |

| 그럼, 또 내일 봐요. | では、また あした。 |
| | 데와 마따 아시따 |

| 이제 가야겠습니다. | もう おいとまいたします。 |
| | 모- 오이또마 이따시마스 |

| 가야겠어요. | 行かなくちゃならないので。 |
| | 이까나꾸쨔 나라나이노데 |

| 늦었어요. | 遅くなってきたよ。 |
| | 오소꾸낫떼 기따요 |

| 이제 실례해야겠어요. | そろそろ 失礼しなくては。 |
| | 소로소로 시쯔레- 시나꾸떼와 |

| 만나서 반가웠습니다. | お会いできて うれしかったです。 |
| | 오아이데끼떼 우레시깟따데스 |

| 즐거웠습니다. | 楽しかったです。 |
| | 다노시깟따데스 |

저녁을 잘 먹었습니다.	夕食を ごちそうさまでした。
	유-쇼꾸오 고찌소-사마데시따

초대해 줘서 고마워요. 정말 즐거웠습니다.	ご招待 ありがとう。すっかり 楽しんでしまいました。
	고쇼-따이 아리가또- 슥까리 다노신데 시마이마시따

즐거운 주말을 보내십시오.	楽しい 週末を お過ごしください。
	다노시- 슈-마쯔오 오스고시구다사이

그럼 조심해서 가세요.	では、気を つけて。
	데와 기오 쓰께떼

좀더 계시다 가세요.	もう ちょっと いいじゃないですか。
	모- 촛또 이-쟈 나이데스까

또 오세요.	また 来てくださいね。
	마따 기떼 구다사이네

즐겁게 다녀와.	楽しんでらっしゃい。
	다노신데 랏샤이

좋은 여행이 되기를!	よい 旅を。
	요이 다비오

여러분께 안부 전해 주세요.	皆さまに よろしく。
	미나사마니 요로시꾸

가족 모두에게 부디 안부 전해 주십시오.	ご家族の 方に ぐれぐれも よろしくお伝えください。
	고가조꾸노 가따니 구레구레모 요로시꾸 오쓰따에 구다사이

기본 회화 표현 03 | 고마움을 나타낼 때

고마워요.	ありがとう。 아리가또-
네, 고마워요.	はい、どうも。 하이 도-모
고맙습니다.	ありがとう ございます。 아리가또- 고자이마스
정말로 고맙습니다.	本当に ありがとう ございます。 혼또-니 아리가또- 고자이마스
아무튼 고마워요.	何はともあれ、ありがとう。 나니와 또모아레 아리가또-
이거 무척 고마워요.	これは どうも ありがとう。 고레와 도-모 아리가또-
여러모로 신세를 많이 졌습니다.	いろいろ お世話になりました。 이로이로 오세와니 나리마시따
수고를 끼쳐드렸습니다.	ご面倒を おかけしました。 고멘도-오 오까께시마시따
호의에 감사드려요.	ご好意 ありがとう。 고코-이 아리가또-
친절하게 대해 줘서 고마워요.	ご親切に どうも。 고신세쯔니 도-모
친절하게 대해 줘서 많은 도움이 되었습니다	ご親切に、たいへん 助かりました。 고신세쯔니 다이헨 다스까리마시따

몸 둘 바를 모르겠어요!	なんと ご親切に! 난또 고신세쯔니!
당신 덕택에 도움이 되었습니다.	あなたの おかげで 助かりました。 아나따노 오까게데 다스까리마시따
칭찬해 주셔서 고마워요.	誉めていただいて、どうも。 호메떼 이따다이떼 도-모
마중을 나와 주셔서 정말로 고맙습니다.	お出迎えいただいて 本当に ありがとうございます。 오데무까에 이따다이떼 혼또-니 아리가또- 고자이마스
그렇게 말해 줘서 고마워요.	そう 言ってくれて ありがとう。 소- 잇떼 구레떼 아리가또-
선물 무척 고마워요.	プレゼントを どうも ありがとう。 푸레젠또오 도-모 아리가또-
친절을 베풀어 주셔서 정말 감사하고 있습니다.	ご親切に、本当に 感謝しております。 고신세쯔니 혼또-니 칸샤시떼 오리마스
저희 회사에 방문해 주셔서 깊은 감사를 드립니다.	ご来社くださり 厚く お礼を 申し上げます。 고라이샤 구다사리 아쯔꾸 오레-오 모-시아게마스
뭐라 감사의 말씀을 드려야 좋을지 모르겠습니다	何と 御礼を 申したら いいのか わかりません。 난또 오레-오 모-시따라 이-노까 와까리마셍

실례합니다만, 일본 분입니까?	失礼ですが、日本の 方ですか。 시쯔레-데스가 니혼노 가따데스까
성함을 여쭤도 되겠습니까?	お名前を うかがって よろしいですか。 오나마에오 우까갓떼 요로시-데스까
잠깐 실례합니다. 지나가도 될까요?	ちょっと すみません。通り抜けても いいでしょうか。 촛또 스미마셍 도-리누께떼모 이-데쇼-까
잠깐 실례하겠습니다. 곧 돌아오겠습니다.	ちょっと 失礼します。すぐ 戻ります。 촛또 시쯔레-시마스 스구 모도리마스
미안해요.	ごめんなさい。 고멘나사이
미안합니다.	すみません。 스미마셍
너무 죄송했습니다.	どうも すみませんでした。 도-모 스미마센데시따
제가 잘못했습니다.	私が いけなかったんです。 와따시가 이께나깟딴데스
그럴 생각이 아니었어요.	そんな つもりじゃ なかったんです。 손나 쯔모리쟈 나깟딴데스
뭐라고 사죄를 드려야 좋을지 모르겠습니다.	何と お詫びして よいか わかりません。 난또 오와비시떼 요이까 와까리마셍

죄송합니다.	申し訳ありません。
	もう　わけ
	모-시 와께 아리마셍

늦어서 미안합니다.	遅くなって すみません。
	おそ
	오소꾸낫떼 스미마셍

폐를 끼쳐 드려서 죄송합니다.	ご迷惑を おかけして 申し訳あり ません。
	めいわく　　　　　　　もう　わけ
	고메-와꾸오 오까께시떼 모-시와께 아리마셍

| 이렇게 되고 말아
죄송합니다. | こんな ことに なってしまって ご
めんなさい。 |
| | 곤나 고또니 낫떼 시맛떼 고멘나사이 |

기다리게 해서 죄송했습니다.	お待たせして すみませんでした。
	ま
	오마따세시떼 스미마센데시따

약속을 지키지 못해서 죄송합니다.	約束を 守らなくて すみません。
	やくそく　　まも
	약소꾸오 마모라나꾸떼 스미마셍

비위에 거슬렸다면 미안해요.	お気にさわったら ごめんなさい。
	き
	오끼니 사왓따라 고멘나사이

지나쳤다면 죄송해요.	行き過ぎてたら ごめんなさい。
	ゆ　す
	유끼스기떼따라 고멘나사이

미안해요. 부주의였습니다.	すみません。不注意でした。
	ふ ちゅう い
	스미마셍 후쮸-이데시다

정말로 미안합니다. 깜빡했습니다.	本当に すみません。 うっかりしました。
	ほんとう
	혼또-니 스미마셍 욱까리 시마시따

축하해요.	おめでとう。 오메데또-
축하합니다.	おめでとう ございます。 오메데또- 고자이마스
생일 축하해.	誕生日びおめでとう。 탄죠-비 오메데또-
졸업 축하해.	ご卒業おめでとう。 고소쯔교- 오메데또-
승진을 축하드립니다.	ご昇進 おめでとう ございます。 고쇼-싱 오메데또- 고자이마스
합격을 축하해요.	合格 おめでとう。 고-까꾸 오메데또-
출산을 진심으로 축하드립니다.	ご誕生を 心から お祝い致します。 고탄죠-오 고꼬로까라 오이와이 이따시마스
결혼을 축하드립니다.	ご結婚 おめでとう ございます。 고켓꽁 오메데또- 고자이마스
축하해요. 다행이네요.	おめでとう。良かったですね。 오메데또- 요깟따데스네
축하해요. 선물입니다.	おめでとう。プレゼントです。 오메데또- 푸레젠또데스

다행이군요. 행복을 빌게요.	よかったですね。しあわせを 祈_{いの}ります。 요깟따데스네 시아와세오 이노리마스
부디 행복하세요.	どうぞ お幸_{しあわ}せに。 도-조 오시아와세니
새해 복 많이 받아요.	新年_{しんねん} おめでとう。 신넹 오메데또-
새해 복 많이 받아요.	あけまして おめでとう ございます。 아께마시떼 오메데또- 고자이마스
메리 크리스마스!	メリー クリスマス! 메리- 쿠리스마스!
어머니날, 축하해요.	母_{はは}の日_ひ、おめでとう。 하하노 히 오메데또-
결혼기념일 축하해요.	結婚記念日_{けっこん きねん}び おめでとう。 겟꼰 기넴비 오메데또-
참으로 잘 와 주셨습니다.	ようこそ おいでくださいました。 요-꼬소 오이데 구다사이마시따
한국에 잘 오셨습니다.	ようこそ 韓国_{かんごく}へ。 요-꼬소 캉꼬꾸에
입사를 환영합니다.	入社_{にゅうしゃ}を 歓迎_{かんげい}します。 뉴-샤오 캉게-시마스

Part 1

일상생활
단어

Chapter
01 개인소개

Unit 01 성별, 노소

1 여자
おんな
女

2 남자
おとこ
男

3 노인
ろうじん
老人

4 중년
ちゅうねん
中年

5 소년
しょうねん
少年

6 소녀
しょうじょ
少女

7 청소년
せいしょうねん
青少年

8 임산부
にんさんぷ
妊産婦

9 어린이
こ ど も
子供

10 미취학아동
よう じ
幼児

11 아기
あか ご
赤子

---

1 おんな
女 [온나] **여자**

2 おとこ
男 [오토꼬] **남자**

3 ろうじん
老人 [로-징] **노인**

4 ちゅうねん
中年 [츄-넹] **중년**

5 しょうねん
少年 [쇼-넹] **소년**

6 しょうじょ
少女 [쇼-죠] **소녀**

7 せいしょうねん
青少年 [세이쇼-넹] **청소년**

8 にんさんぷ
妊産婦 [닝산푸] **임산부**

9 こ ど も
子供 [꼬도모] **어린이**

10 よう じ
幼児 [요우지] **미취학아동**

11 あか ご
赤子 [아카고] **아기**

Unit 02 가족

친가

1 친할아버지
자기 가족을 남에게 말할 때
祖父
<ruby>祖<rt>そ</rt></ruby><ruby>父<rt>ふ</rt></ruby>
남의 가족을 부를때
おじいさん

2 친할머니
자기 가족을 남에게 말할 때
<ruby>祖<rt>そ</rt></ruby><ruby>母<rt>ぼ</rt></ruby>
남의 가족을 부를때
おばあさん

3 고모
자기 가족을 남에게 말할 때
<ruby>父<rt>ちち</rt></ruby>の<ruby>姉妹<rt>しまい</rt></ruby>
남의 가족을 부를때
おばさん

4 고모부
자기 가족을 남에게 말할 때
<ruby>父<rt>ちち</rt></ruby>の<ruby>姉妹<rt>しまい</rt></ruby>の<ruby>夫<rt>おっと</rt></ruby>
남의 가족을 부를때
おじさん

5 삼촌
자기 가족을 남에게 말할 때
<ruby>叔父<rt>しゅくふ</rt></ruby>
남의 가족을 부를때
おじさん

6 숙모
자기 가족을 남에게 말할 때
<ruby>叔父<rt>しゅくふ</rt></ruby>の<ruby>妻<rt>つま</rt></ruby>
남의 가족을 부를때
おばさん

---

1 祖父 / おじいさん [소후 / 오지-상]
친할아버지

2 祖母 / おばあさん [소보 / 오바-상]
친할머니

3 父の姉妹 / おばさん [치치노 시마이 / 오바상] **고모**

4 父の姉妹の夫 / おじさん [치치노 시마이노 옷토 / 오지상] **고모부**

5 叔父 / おじさん [슈쿠후 / 오지상]
삼촌

6 叔父の妻 / おばさん [슈쿠후노 츠마 / 오바상] **숙모**

¹ **아버지(아빠)**

자기 가족을 남에게 말할 때

<ruby>父<rt>ちち</rt></ruby>

남의 가족을 부를때

<ruby>お父<rt>とう</rt></ruby>さん

² **어머니(엄마)**

자기 가족을 남에게 말할 때

<ruby>母<rt>はは</rt></ruby>

남의 가족을 부를때

<ruby>お母<rt>かあ</rt></ruby>さん

³ **사촌남자형제**

자기 가족을 남에게 말할 때

<ruby>従兄弟<rt>いとこ</rt></ruby>

남의 가족을 부를때

<ruby>お兄<rt>にい</rt></ruby>さん

⁴ **사촌여자형제**

자기 가족을 남에게 말할 때

<ruby>従姉妹<rt>いとこ</rt></ruby>

남의 가족을 부를때

<ruby>お姉<rt>ねえ</rt></ruby>さん

⁵ **나**

<ruby>私<rt>わたし</rt></ruby>

외가

⁶ **외할아버지**

자기 가족을 남에게 말할 때

<ruby>外祖父<rt>がいそふ</rt></ruby>

남의 가족을 부를때

<ruby>お祖父<rt>じい</rt></ruby>さん

⁷ **외할머니**

자기 가족을 남에게 말할 때

<ruby>外祖母<rt>がいそぼ</rt></ruby>

남의 가족을 부를때

<ruby>お婆<rt>ばあ</rt></ruby>さん

---

¹ <ruby>父<rt>ちち</rt></ruby> / <ruby>お父<rt>とう</rt></ruby>さん [치치 / 오토-상] **아버지 (아빠)**

² <ruby>母<rt>はは</rt></ruby> / <ruby>お母<rt>かあ</rt></ruby>さん [하하 / 오카-상] **어머니 (엄마)**

³ <ruby>従兄弟<rt>いとこ</rt></ruby> / <ruby>お兄<rt>にい</rt></ruby>さん [이토꼬 / 오니-상] **사촌남자형제**

⁴ <ruby>従姉妹<rt>いとこ</rt></ruby> / <ruby>お姉<rt>ねえ</rt></ruby>さん [이토꼬 / 오네-상] **사촌여자형제**

⁵ <ruby>私<rt>わたし</rt></ruby> [와타시] **나**

⁶ <ruby>外祖父<rt>がいそふ</rt></ruby> / <ruby>お祖父<rt>じい</rt></ruby>さん [가이소후 / 오지-상] **외할아버지**

⁷ <ruby>外祖母<rt>がいそぼ</rt></ruby> / <ruby>お婆<rt>ばあ</rt></ruby>さん [가이소보 / 오바-상] **외할머니**

1 외삼촌

자기 가족을 남에게 말할 때

しゅく ふ
叔父

남의 가족을 부를때

おじさん

2 외숙모

자기 가족을 남에게 말할 때

しゅく ぼ
叔母

남의 가족을 부를때

おばさん

3 이모

자기 가족을 남에게 말할 때

はは   し まい
母の姉妹

남의 가족을 부를때

おばさん

4 이모부

자기 가족을 남에게 말할 때

はは   し まい   おっと
母の姉妹の夫

남의 가족을 부를때

おじさん

5 어머니(엄마)

자기 가족을 남에게 말할 때

はは
母

남의 가족을 부를때

か あ
お母さん

6 아버지(아빠)

자기 가족을 남에게 말할 때

ちち
父

남의 가족을 부를때

とう
お父さん

7 외사촌 남자형제

자기 가족을 남에게 말할 때

い と こ
従兄弟

남의 가족을 부를때

にい
お兄さん

8 외사촌 여자형제

자기 가족을 남에게 말할 때

い と こ
従姉妹

남의 가족을 부를때

ねえ
お姉さん

1 叔父 / おじさん [슈쿠후 / 오지상] **외삼촌**

2 叔母 / おばさん [슈쿠보 / 오바상] **외숙모**

3 母の姉妹 / おばさん [하하노시마이 / 오바상] **이모**

4 母の姉妹の夫 / おじさん [하하노시마이노옷토 / 오지상] **이모부**

5 母 / お母さん [하하 / 오카-상] **어머니(엄마)**

6 父 / お父さん [치치 / 오토-상] **아버지(아빠)**

7 従兄弟 / お兄さん [이토꼬 / 오니-상] **외사촌 남자형제**

8 従姉妹 / お姉さん [이토꼬 / 오네-상] **외사촌 여자형제**

직계

1 아버지(아빠)

자기 가족을 남에게 말할 때

<ruby>父<rt>ちち</rt></ruby>

남의 가족을 부를때

お<ruby>父<rt>とう</rt></ruby>さん

2 어머니(엄마)

자기 가족을 남에게 말할 때

<ruby>母<rt>はは</rt></ruby>

남의 가족을 부를때

お<ruby>母<rt>かあ</rt></ruby>さん

3 언니/누나

자기 가족을 남에게 말할 때

<ruby>姉<rt>あね</rt></ruby>

남의 가족을 부를때

お<ruby>姉<rt>ねえ</rt></ruby>さん

4 형부/매형(매부)

<ruby>義理<rt>ぎり</rt></ruby>の<ruby>兄<rt>あに</rt></ruby>

5 오빠/형

자기 가족을 남에게 말할 때

<ruby>兄<rt>あに</rt></ruby>

남의 가족을 부를때

お<ruby>兄<rt>にい</rt></ruby>さん

6 새언니/형수

<ruby>義理<rt>ぎり</rt></ruby>の<ruby>姉<rt>あね</rt></ruby>

---

1 <ruby>父<rt>ちち</rt></ruby> / お<ruby>父<rt>とう</rt></ruby>さん [치치 / 오토-상] **아버지 (아빠)**

2 <ruby>母<rt>はは</rt></ruby> / お<ruby>母<rt>かあ</rt></ruby>さん [하하 / 오카-상] **어머니 (엄마)**

3 <ruby>姉<rt>あね</rt></ruby> / お<ruby>姉<rt>ねえ</rt></ruby>さん [아네 / 오네-상] **언니 / 누나**

4 <ruby>義理<rt>ぎり</rt></ruby>の<ruby>兄<rt>あに</rt></ruby> [기리노아니] **형부 / 매형(매부)**

5 <ruby>兄<rt>あに</rt></ruby> / お<ruby>兄<rt>にい</rt></ruby>さん [아니 / 오니-상] **오빠 / 형**

6 <ruby>義理<rt>ぎり</rt></ruby>の<ruby>姉<rt>あね</rt></ruby> [기리노아네] **새언니 / 형수**

1 남동생

자기 가족을 남에게 말할 때

<ruby>弟<rt>おとうと</rt></ruby>

남의 가족을 부를때

<ruby>弟<rt>おとうと</rt></ruby>さん

2 제수/올케

<ruby>義<rt>ぎ</rt></ruby><ruby>理<rt>り</rt></ruby>の<ruby>妹<rt>いもうと</rt></ruby>

3 여동생

자기 가족을 남에게 말할 때

<ruby>妹<rt>いもうと</rt></ruby>

남의 가족을 부를때

<ruby>妹<rt>いもうと</rt></ruby>さん

4 제부/매제

<ruby>義<rt>ぎ</rt></ruby><ruby>理<rt>り</rt></ruby>の<ruby>弟<rt>おとうと</rt></ruby>

5 나(부인)

<ruby>私<rt>わたし</rt></ruby>/<ruby>婦<rt>ふ</rt></ruby><ruby>人<rt>じん</rt></ruby>

6 남편

자기 가족을 남에게 말할 때

<ruby>主<rt>おっと</rt></ruby>

남의 가족을 부를때

ご<ruby>主<rt>しゅ</rt></ruby><ruby>人<rt>じん</rt></ruby>

7 여자조카

<ruby>姪<rt>めい</rt></ruby>

8 남자조카

<ruby>甥<rt>おい</rt></ruby>

9 아들

<ruby>息<rt>むす</rt></ruby><ruby>子<rt>こ</rt></ruby>

10 며느리

<ruby>嫁<rt>よめ</rt></ruby>

1 <ruby>弟<rt>おとうと</rt></ruby> / <ruby>弟<rt>おとうと</rt></ruby>さん [오토-토 / 오토-토상] **남동생**

2 <ruby>義<rt>ぎ</rt></ruby><ruby>理<rt>り</rt></ruby>の<ruby>妹<rt>いもうと</rt></ruby> [기리노이모-토] **제수 / 올케**

3 <ruby>妹<rt>いもうと</rt></ruby> / <ruby>妹<rt>いもうと</rt></ruby>さん [이모-토 / 이모-토상] **여동생**

4 <ruby>義<rt>ぎ</rt></ruby><ruby>理<rt>り</rt></ruby>の<ruby>弟<rt>おとうと</rt></ruby> [기리노오토-토] **제부 / 매제**

5 <ruby>私<rt>わたし</rt></ruby> / <ruby>婦<rt>ふ</rt></ruby><ruby>人<rt>じん</rt></ruby> [와타시 / 후징] **나(부인)**

6 <ruby>主<rt>おっと</rt></ruby> / ご<ruby>主<rt>しゅ</rt></ruby><ruby>人<rt>じん</rt></ruby> [옷토 / 고슈징] **남편**

7 <ruby>姪<rt>めい</rt></ruby> [메이] **여자조카**

8 <ruby>甥<rt>おい</rt></ruby> [오이] **남자조카**

9 <ruby>息<rt>むす</rt></ruby><ruby>子<rt>こ</rt></ruby> [무스코] **아들**

10 <ruby>嫁<rt>よめ</rt></ruby> [요메] **며느리**

¹ **딸**
むすめ
娘

² **사위**
むこ
婿

³ **손자**
まご
孫

⁴ **손녀**
まごむすめ
孫娘

관련단어

외동딸	ひとりむすめ 一人娘	히토리무스메
외동아들	ひとりむすこ 一人息子	히토리무스코
결혼하다	けっこん 結婚する	겟콘스루
이혼하다	りこん 離婚する	리콘스루
신부	しんぷ 新婦	신뿌
신랑	しんろう 新郎	신로우
면사포	ベール	베-루
악혼	こんやく 婚約	콘야쿠
독신주의자	どくしんしゅぎしゃ 独身主義者	도쿠신슈기샤
과부	やもめ 寡	야모메
기념일	きねんび 記念日	키넹비
친척	しんるい 親類	신루이

¹ むすめ
娘 [무스메] **딸**
² むこ
婿 [무코] **사위**

³ まご
孫 [마고] **손자**
⁴ まごむすめ
孫娘 [마고무스메] **손녀**

Unit 03 삶(인생)

1 태어나다
_{うま}
生れる

2 백일
_{ひゃくにち}
百日

3 돌잔치
_{いっさい} _{たんじょう び} _{いわ}
一歳の誕生日のお祝い

4 유년시절
_{ようしょう じ だい}
幼少時代

5 학창시절
_{がくせい じ だい}
学生時代

6 첫눈에 반하다
_{ひと め}
一目ぼれする

7 삼각관계
_{さん かく かんけい}
三角関係

8 이상형
_{り そう}
理想のタイプ

9 사귀다
_{つ あ}
付き合う

10 애인
_{こい びと}
恋人

11 여자친구
_{かのじょ}
彼女

12 남자친구
_{かれ し}
彼氏

13 이별
_{わか}
別れ

14 재회
_{さいかい}
再会

1 청혼
きゅうこん
求婚

2 약혼하다
こん やく
婚約する

3 결혼
けっこん
結婚

4 신혼여행
しん こん りょ こう
新婚旅行

5 임신
にんしん
妊娠

6 출산
しゅっさん
出産

7 득남
おとこ こ たんじょう
男の子誕生

8 득녀
おんな こ たんじょう
女の子誕生

9 육아
いく じ
育児

10 학부모
ふ けい
父兄

11 중년
ちゅうねん
中年

12 노년
ろう ねん
老年

13 유언
ゆいごん
遺言

14 사망
し ぼう
死亡

15 장례식
そう しき
葬式

16 천국에 가다
てん ごく い
天国に 逝く

---

1 求婚 [큐-콘] **청혼**

2 婚約する [콘야쿠스루] **약혼하다**

3 結婚 [겟콘] **결혼**

4 新婚旅行 [신콘료코우] **신혼여행**

5 妊娠 [닝신] **임신**

6 出産 [슛산] **출산**

7 男の子誕生 [오토꼬노코탄죠우] **득남**

8 女の子誕生 [온나노코탄죠우] **득녀**

9 育児 [이쿠지] **육아**

10 父兄 [후케이] **학부모**

11 中年 [츄넹] **중년**

12 老年 [로-넹] **노년**

13 遺言 [유이곤] **유언**

14 死亡 [시보우] **사망**

15 葬式 [소-시키] **장례식**

16 天国に 逝く [뎅고쿠니 이쿠] **천국에 가다**

💗 관련단어

| 홀아비 | 男^{おとこ}やもめ | 오토코야모메 |

홀아비   男やもめ (おとこ)   오토코야모메

젊다   若い (わか)   와카이

늙다   老ける (ふ)   후케루

기일   命日 (めいにち)   메이니치

Unit 04 직업

1 간호사
かんごし
看護師

2 약사
やくざいし
薬剤師

3 의사
いしゃ
医者

4 가이드
ガイド

5 선생님/교사
せんせい / きょうし
先生/ 教師

6 교수
きょうじゅ
教授

7 가수
かしゅ
歌手

8 음악가
おんがくか
音楽家

9 화가
がか
画家

10 소방관
しょうぼうかん
消防官

11 경찰관
けいさつかん
警察官

1 看護師 (かんごし) [칸고시] **간호사**
2 薬剤師 (やくざいし) [야쿠자이시] **약사**
3 医者 (いしゃ) [이샤] **의사**
4 ガイド [가이도] **가이드**
5 先生/教師 (せんせい / きょうし) [센세이 / 쿄-시] **선생님 / 교사**
6 教授 (きょうじゅ) [쿄-쥬] **교수**

7 歌手 (かしゅ) [카슈] **가수**
8 音楽家 (おんがくか) [온가쿠카] **음악가**
9 画家 (がか) [가카] **화가**
10 消防官 (しょうぼうかん) [쇼우보우칸] **소방관**
11 警察官 (けいさつかん) [케이사츠칸] **경찰관**

1 공무원
公務員
こう む いん

2 요리사
料理人(コック)
りょう り にん

3 디자이너
デザイナー

4 승무원
客室乗務員
きゃくしつじょう む いん

5 판사
判事
はん じ

6 검사
検事
けん じ

7 변호사
弁護士
べん ご し

8 사업가
事業家
じ ぎょう か

9 회사원
会社員
かい しゃ いん

10 학생
学生
がくせい

11 운전기사
運転手
うん てん しゅ

12 남자농부 / 여자농부
農夫 / 農婦
のう ふ のう ふ

13 가정주부
家庭の主婦
か てい しゅ ふ

14 작가
作家
さっ か

15 정치가
政治家
せい じ か

---

1 公務員 [코-무인] 공무원
こう む いん

2 料理人(コック) [료-리닌 / 콧쿠] 요리사
りょう り にん

3 デザイナー [데자이나-] 디자이너

4 客室乗務員 [캬쿠시츠죠-무잉] 승무원
きゃくしつじょう む いん

5 判事 [한지] 판사
はん じ

6 検事 [켄지] 검사
けん じ

7 弁護士 [벤고시] 변호사
べん ご し

8 事業家 [지교우카] 사업가
じ ぎょう か

9 会社員 [카이샤잉] 회사원
かい しゃ いん

10 学生 [각세-] 학생
がくせい

11 運転手 [운텡슈] 운전기사
うん てん しゅ

12 農夫 / 農婦 [노-후 / 노-후] 남자농부 /
のう ふ のう ふ
여자농부

13 家庭の主婦 [카테이노슈후] 가정주부
か てい しゅ ふ

14 作家 [삿카] 작가
さっ か

15 政治家 [세이지카] 정치가
せい じ か

1 세일즈맨
セールスマン

2 미용사
び よう し
美容師

3 군인
ぐんじん
軍人

4 은행원
ぎん こう いん
銀行員

5 엔지니어
エンジニア

6 통역원
つう やくいん
通役員

7 비서
ひ しょ
秘書

8 회계사
かい けい し
会計士

9 이발사
り はつ し
理髪師

10 배관공
はい かん こう
配管工

11 수의사
じゅう い し
獣医師

12 건축가
けん ちく か
建築家

13 편집자
へんしゅうしゃ
編集者

14 성직자
せいしょくしゃ
聖職者

15 심리상담사
しん り
心理カウンセラー

16 형사(사법경찰)
けい じ
刑事

17 방송국 PD
ほう そうきょく
放送局プロデューサー

18 카메라맨
カメラマン

1 セールスマン [세-류스망] 세일즈맨
2 び よう し 美容師 [비요-시] 미용사
3 ぐんじん 軍人 [궁징] 군인
4 ぎん こう いん 銀行員 [긴코-인] 은행원
5 エンジニア [엔지니아] 엔지니어
6 つう やくいん 通役員 [츠-야쿠인] 통역원
7 ひ しょ 秘書 [히쇼] 비서
8 かい けい し 会計士 [카이케이시] 회계사
9 り はつ し 理髪師 [리하츠시] 이발사
10 はい かん こう 配管工 [하이칸코-] 배관공

11 じゅう い し 獣医師 [쥬-이시] 수의사
12 けん ちく か 建築家 [켄치쿠카] 건축가
13 へんしゅうしゃ 編集者 [헨슈-샤] 편집자
14 せいしょくしゃ 聖職者 [세이쇼쿠샤] 성직자
15 しん り 心理カウンセラー [신리카운세라-] 심리상담사
16 けい じ 刑事 [케-지] 형사(사법경찰)
17 ほう そうきょく 放送局プロデューサー [호-소-쿄쿠 프로듀-사-] 방송국 PD
18 カメラマン [카메라망] 카메라맨

33

1 예술가
アーティスト

2 영화감독
映画監督
えい が かん とく

3 영화배우
映画俳優
えい が はいゆう

4 운동선수
運動選手
うん どう せんしゅ

5 목수
大工
だい く

6 프리랜서
フリーランサー

관련대화

A : 당신의 직업은 무엇입니까?
あなたの 職業は 何ですか?
しょくぎょう なん
아나타노 쇼쿠교-와 난데스카

B : 저는 작가입니다.
私は 作家です。
わたし さっ か
와타시와 삿카데스

A: 어느 분야의 글을 쓰세요?
どんな 分野の文章を 書いていますか?
ぶん や ぶんしょう か
돈나 분야노 분쇼-오 카이테이마스카

B : 주로 어린이 동화책을 쓰고 있어요.
主に、童話の 絵本を 書いています。
おも どう わ え ほん か
오모니, 도-와노 에혼오 카이테이마스

A: 너무 좋은 직업이네요.
とても いい 職業ですね。
しょくぎょう
토테모 이이 쇼쿠교-데스네

1 アーティスト [아-티스토] 예술가
えい が かん とく
2 映画監督 [에이가칸토쿠] 영화감독
えい が はい ゆう
3 映画俳優 [에이가하이유-] 영화배우

うん どう せん しゅ
4 運動選手 [운도-센슈] 운동선수
だい く
5 大工 [다이쿠] 목수
6 フリーランサー [후리-란사-] 프리랜서

Unit 05 별자리

1 **양자리**
おひつじざ
牡羊座

2 **황소자리**
おうしざ
牡牛座
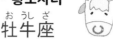

3 **쌍둥이자리**
ふたござ
双子座

4 **게자리**
かにざ
蟹座

5 **사자자리**
ししざ
獅子座

6 **처녀자리**
おとめざ
乙女座

7 **천칭자리**
てんびんざ
天秤座

8 **전갈자리**
さそりざ
蠍座

9 **사수자리**
いてざ
射手座

10 **염소자리**
やぎざ
山羊座

11 **물병자리**
みずがめざ
水瓶座

12 **물고기자리**
うおざ
魚座

관련대화

A : 별자리가 어떻게 되세요.
　　せいざ　　なん
　　星座は 何ですか?
　　세이자와 난데스카

B : 제 별자리는 처녀자리입니다.
　　わたし　せいざ　　おとめざ
　　私の 星座は 乙女座です。
　　와타시노 세이자와 오토메자데스

1 おひつじざ
　牡羊座 [오히츠지자] **양자리**
2 おうしざ
　牡牛座 [오-시자] **황소자리**
3 ふたござ
　双子座 [후타고자] **쌍둥이자리**
4 かにざ
　蟹座 [카니자] **게자리**
5 ししざ
　獅子座 [시시자] **사자자리**
6 おとめざ
　乙女座 [오토메자] **처녀자리**

7 てんびんざ
　天秤座 [덴빙자] **천칭자리**
8 さそりざ
　蠍座 [사소리자] **전갈자리**
9 いてざ
　射手座 [이테자] **사수자리**
10 やぎざ
　山羊座 [야기자] **염소자리**
11 みずがめざ
　水瓶座 [미즈가메자] **물병자리**
12 うおざ
　魚座 [우오자] **물고기자리**

Unit 06 혈액형

1 A형 A型 ^{がた}

2 B형 B型 ^{がた}

3 O형 O型 ^{がた}

4 AB형 AB型 ^{がた}

관련대화

A : 당신의 혈액형이 뭐예요?
あなたの 血液型は 何ですか?
아나타노 케츠에키가타와 난데스카

B : 저는 O형입니다.
私の 血液型はO型です。
와타시노 케츠에키가타와 오가타데스

관련단어

피	血 ^ち	치
헌혈	献血 ^{けんけつ}	켄케츠
혈소판	血小板 ^{けつしょうばん}	켓쇼우방
혈관	血管 ^{けつかん}	켁칸
적혈구	赤血球 ^{せっけつきゅう}	섹켁큐-

1 A型 ^{がた} [에이가타] **A형**
2 B型 ^{がた} [비가타] **B형**
3 O型 ^{がた} [오가타] **O형**
4 AB型 ^{がた} [에이비가타] **AB형**

Unit 07 띠

1 쥐
<ruby>鼠<rt>ねずみ</rt></ruby> / <ruby>子<rt>ね</rt></ruby>

2 소
<ruby>牛<rt>うし</rt></ruby> / <ruby>丑<rt>うし</rt></ruby>

3 호랑이
<ruby>虎<rt>とら</rt></ruby> / <ruby>寅<rt>とら</rt></ruby>

4 토끼
<ruby>兎<rt>うさぎ</rt></ruby> / <ruby>卯<rt>う</rt></ruby>

5 용
<ruby>竜<rt>たつ</rt></ruby> / <ruby>辰<rt>たつ</rt></ruby>

6 뱀
<ruby>蛇<rt>へび</rt></ruby> / <ruby>巳<rt>み</rt></ruby>

7 말
<ruby>馬<rt>うま</rt></ruby> / <ruby>午<rt>うま</rt></ruby>

8 양
<ruby>羊<rt>ひつじ</rt></ruby> / <ruby>未<rt>ひつじ</rt></ruby>

9 원숭이
<ruby>猿<rt>さる</rt></ruby> / <ruby>申<rt>さる</rt></ruby>

10 닭
<ruby>鶏<rt>とり</rt></ruby> / <ruby>酉<rt>とり</rt></ruby>

11 개
<ruby>犬<rt>いぬ</rt></ruby> / <ruby>戌<rt>いぬ</rt></ruby>

12 돼지
<ruby>猪<rt>いのしし</rt></ruby> / <ruby>亥<rt>い</rt></ruby>

❤ 관련대화

A : 장상은 무슨 띠입니까?

張さんの <ruby>干支<rt>えと</rt></ruby> は <ruby>何<rt>なん</rt></ruby>ですか?

장상노 에토와 난데스카

B : 말띠입니다.

<ruby>馬<rt>うま</rt></ruby>です。

우마데스

---

1 <ruby>鼠<rt>ねずみ</rt></ruby> / <ruby>子<rt>ね</rt></ruby> [네즈미 / 네] **쥐**

2 <ruby>牛<rt>うし</rt></ruby> / <ruby>丑<rt>うし</rt></ruby> [우시 / 우시] **소**

3 <ruby>虎<rt>とら</rt></ruby> / <ruby>寅<rt>とら</rt></ruby> [토라 / 토라] **호랑이**

4 <ruby>兎<rt>うさぎ</rt></ruby> / <ruby>卯<rt>う</rt></ruby> [우사기 / 우] **토끼**

5 <ruby>竜<rt>たつ</rt></ruby> / <ruby>辰<rt>たつ</rt></ruby> [타츠 / 타츠] **용**

6 <ruby>蛇<rt>へび</rt></ruby> / <ruby>巳<rt>み</rt></ruby> [헤비 / 미] **뱀**

7 <ruby>馬<rt>うま</rt></ruby> / <ruby>午<rt>うま</rt></ruby> [우마 / 우마] **말**

8 <ruby>羊<rt>ひつじ</rt></ruby> / <ruby>未<rt>ひつじ</rt></ruby> [히츠지 / 히츠지] **양**

9 <ruby>猿<rt>さる</rt></ruby> / <ruby>申<rt>さる</rt></ruby> [사루 / 사루] **원숭이**

10 <ruby>鶏<rt>とり</rt></ruby> / <ruby>酉<rt>とり</rt></ruby> [토리 / 토리] **닭**

11 <ruby>犬<rt>いぬ</rt></ruby> / <ruby>戌<rt>いぬ</rt></ruby> [이누 / 이누] **개**

12 <ruby>猪<rt>いのしし</rt></ruby> / <ruby>亥<rt>い</rt></ruby> [이노시시 / 이] **돼지**

1 명랑해요
<ruby>明<rt>あか</rt></ruby>るいです

2 상냥해요
<ruby>優<rt>やさ</rt></ruby>しいです

3 친절해요
<ruby>親切<rt>しんせつ</rt></ruby>です

4 당당해요
<ruby>堂々<rt>どうどう</rt></ruby>としています

5 야무져요
しっかりしています

6 고상해요
<ruby>上品<rt>じょうひん</rt></ruby>です

7 통이 커요
<ruby>気前<rt>きまえ</rt></ruby>が いいです

8 눈치가 빨라요
<ruby>気<rt>き</rt></ruby>が <ruby>利<rt>き</rt></ruby>きます

9 솔직해요
<ruby>率直<rt>そっちょく</rt></ruby>です

10 적극적이에요
<ruby>積極的<rt>せっきょくてき</rt></ruby>です

11 사교적이에요
<ruby>社交的<rt>しゃこうてき</rt></ruby>です

12 꼼꼼해요
<ruby>細<rt>こま</rt></ruby>かいです

---

1 <ruby>明<rt>あか</rt></ruby>るいです [아카루이데스] **명랑해요**

2 <ruby>優<rt>やさ</rt></ruby>しいです [야사시이데스] **상냥해요**

3 <ruby>親切<rt>しんせつ</rt></ruby>です [신세츠데스] **친절해요**

4 <ruby>堂々<rt>どうどう</rt></ruby>としています [도-도-도시테이마스] **당당해요**

5 しっかりしています [식카리시테이마스] **야무져요**

6 <ruby>上品<rt>じょうひん</rt></ruby>です [죠-힝데스] **고상해요**

7 <ruby>気前<rt>きまえ</rt></ruby>が いいです [키마에가 이이데스] **통이 커요**

8 <ruby>気<rt>き</rt></ruby>が <ruby>利<rt>き</rt></ruby>きます [키가 키키마스] **눈치가 빨라요**

9 <ruby>率直<rt>そっちょく</rt></ruby>です [솟쵸쿠데스] **솔직해요**

10 <ruby>積極的<rt>せっきょくてき</rt></ruby>です [섹쿄쿠데키데스] **적극적이에요**

11 <ruby>社交的<rt>しゃこうてき</rt></ruby>です [샤코우데키데스] **사교적이에요**

12 <ruby>細<rt>こま</rt></ruby>かいです [고마카이데스] **꼼꼼해요**

1 덜렁거려요
そそっかしいです

2 겁쟁이예요
<ruby>怖<rt>こわ</rt></ruby>がりです

3 보수적이에요
<ruby>保守的<rt>ほ しゅ てき</rt></ruby>です

4 개방적이에요
<ruby>開放的<rt>かい ほう てき</rt></ruby>です

5 뻔뻔해요
<ruby>厚<rt>あつ</rt></ruby>かましいです

6 심술궂어요
<ruby>意地悪<rt>い じ わる</rt></ruby>です

7 긍정적이에요
<ruby>肯定的<rt>こう てい てき</rt></ruby>です

8 부정적이에요
<ruby>否定的<rt>ひ てい てき</rt></ruby>です

9 다혈질이에요
<ruby>短気<rt>たん き</rt></ruby>です

10 냉정해요
<ruby>冷静<rt>れい せい</rt></ruby>です

11 허풍쟁이예요
ほら<ruby>吹<rt>ふ</rt></ruby>きです

12 소심해요
<ruby>気<rt>き</rt></ruby>が <ruby>小<rt>ちい</rt></ruby>さいです

---

1 そそっかしいです [소솟카시이데스] 덜렁거려요

2 <ruby>怖<rt>こわ</rt></ruby>がりです [고와가리데스] 겁쟁이예요

3 <ruby>保守的<rt>ほ しゅ てき</rt></ruby>です [호슈테키데스] 보수적이에요

4 <ruby>開放的<rt>かい ほう てき</rt></ruby>です [카이호우테키데스] 개방적이에요

5 <ruby>厚<rt>あつ</rt></ruby>かましいです [아츠카마시이데스] 뻔뻔해요

6 <ruby>意地悪<rt>い じ わる</rt></ruby>です [이지와루데스] 심술궂어요

7 <ruby>肯定的<rt>こう てい てき</rt></ruby>です [고우테이테키데스] 긍정적이에요

8 <ruby>否定的<rt>ひ てい てき</rt></ruby>です [히테이테키데스] 부정적이에요

9 <ruby>短気<rt>たん き</rt></ruby>です [탄키데스] 다혈질이에요

10 <ruby>冷静<rt>れい せい</rt></ruby>です [레이세이데스] 냉정해요

11 ほら<ruby>吹<rt>ふ</rt></ruby>きです [호라후키데스] 허풍쟁이에요

12 <ruby>気<rt>き</rt></ruby>が <ruby>小<rt>ちい</rt></ruby>さいです [키가 치이사이데스] 소심해요

1 소극적이에요
しょうきょくてき
消極的です

2 자애로워요
いつく ぶか
慈しみ深いです

3 겸손해요
けんそん
謙遜します

4 진실돼요
しんじつ
真実です

5 동정심이 많아요
なさ ぶか
情け 深いです

6 인정이 많아요
じょう あつ
情が 厚いです

7 버릇없어요
ぎょう ぎ わる
行儀が悪いです

8 잔인해요
むご
惨いです

9 거만해요
ごうまん
傲慢です

10 유치해요
おさな
幼いです

11 내성적이에요
ない こう てき
内向的です

12 외향적이에요
がい こう てき
外向的です

---

1 しょうきょくてき
消極的です [쇼-쿄쿠테키데스] **소극적
이에요**

2 いつく ぶか
慈しみ深いです [이츠쿠시미부카이데
스] **자애로워요**

3 けんそん
謙遜します [켄손시마스] **겸손해요**

4 しんじつ
真実です [신지츠데스] **진실돼요**

5 なさ ぶか
情け 深いです [나사케 부카이데스]
동정심이 많아요

6 じょう あつ
情が 厚いです [죠-가 아츠이데스]
인정이 많아요

7 ぎょう ぎ わる
行儀が 悪いです [교-기가 와루이데
스] **버릇없어요**

8 むご
惨いです [무고이데스] **잔인해요**

9 ごうまん
傲慢です [고-만데스] **거만해요**

10 おさな
幼いです [오사나이데스] **유치해요**

11 ない こう てき
内向的です [나이코-테키데스] **내성적
이에요**

12 がい こう てき
外向的です　[가이코-테키데스] **외향적
이에요**

🎔 관련대화

A : 성격이 어떠세요?

あなたの 性格は どうですか?

아나타노 세이카쿠와 도우데스카

B : 제 성격은 명랑해요.

私は 明るいです。

와타시와 아카루이데스

🎔 관련단어

성향	性向	세이코-
기질	気質	키시츠
울화통	癇癪玉	칸샤쿠다마
(울화통이 터지다)	癇癪起こす。	칸샤쿠 오코스
성격	性格	세이카쿠
인격	人格	진카쿠
장점	長所	쵸-쇼
태도	態度	타이도
관계	関係	칸케이
말투	言葉遣い	코토바즈카이
표준어	標準語	효준고
사투리	方言	호-겐

1 천주교
てんしゅきょう
天主教

2 기독교
きょう
キリスト教

3 불교
ぶっきょう
仏教

4 이슬람교
きょう
イスラム教

5 유대교
きょう
ユダヤ教

6 무교
む きょう
無教

7 도교
どうきょう
道教

❤ 관련대화

A : 종교가 어떻게 되세요?
しゅうきょう　なん
宗教は 何ですか?
슈-쿄-와 난데스카

B : 저는 천주교 신자예요.
わたし　てんしゅきょう　しんじゃ
私は 天主教の 信者です。
와타시와 텡슈쿄-노 신자데스

A : 그래요. 저랑 같네요.
わたし　おな
そうですか。私も 同じです。
소우데스카.　　　와타시모 오나지데스

てんしゅきょう
1 天主教 [텡슈쿄-] **천주교**

きょう
2 キリスト教 [키리스토쿄-] **기독교**

ぶっきょう
3 仏教 [북쿄-] **불교**

きょう
4 イスラム教 [이스라무쿄-] **이슬람교**

きょう
5 ユダヤ教 [유다야쿄-] **유대교**

む きょう
6 無教 [무쿄-] **무교**

どうきょう
7 道教 [도-쿄-] **도교**

🎐 관련단어

성당	天主堂 てんしゅどう	텡슈도-
교회	教会 きょうかい	쿄-카이
절	寺 てら	테라
성서/성경	聖書/聖経 せいしょ　せいきょう	세-쇼/세이쿄-
경전	経典 きょうてん	쿄-텐
윤회	輪廻 りん　ね	린네
전생	転生 てんしょう	텐쇼-
성모마리아	聖母マリア せい　ぼ	세이보마리아
예수	イエス	이에스
불상	仏像 ぶつぞう	부츠조-
부처	仏 ほとけ	호토케
종교	宗教 しゅうきょう	슈-쿄-
신부	神父 しん　ぶ	신푸
수녀	修女 しゅうじょ	슈-죠
승려	僧 そう	소-
목사	牧師 ぼく　し	보쿠시

Chapter
02 신체

1 ① 머리 あたま 頭	2 ② 눈 め 目	3 ③ 코 はな 鼻	4 ④ 입 くち 口
5 ⑤ 이 は 歯	6 ⑥ 귀 みみ 耳	7 ⑦ 목 くび 首	8 ⑧ 어깨 かた 肩
9 ⑨ 가슴 むね 胸	10 ⑩ 배 はら 腹	11 ⑪ 손 て 手	12 ⑫ 다리 あし 足
13 ⑬ 무릎 ひざ 膝	14 ⑭ 발 あし 足		

1 頭 [아타마] **머리**
2 目 [메] **눈**
3 鼻 [하나] **코**
4 口 [쿠치] **입**
5 歯 [하] **이**
6 耳 [미미] **귀**
7 首 [쿠비] **목**
8 肩 [카타] **어깨**
9 胸 [무네] **가슴**
10 腹 [하라] **배**
11 手 [테] **손**
12 足 [아시] **다리**
13 膝 [히자] **무릎**
14 足 [아시] **발**

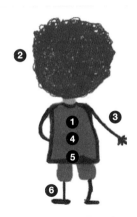

1 ① 등
せ なか
背中

2 ② 머리카락
かみ け
髪の毛

3 ③ 팔
うで
腕

4 ④ 허리
こし
腰

5 ⑤ 엉덩이
しり
お尻

6 ⑥ 발목
あし くび
足首

7 ① (턱)수염
あごひげ
顎鬚

8 ② 구레나룻
ほおひげ
頰鬚

9 ③ 눈꺼풀
ま ぶた
目蓋

10 ④ 콧구멍
び こう
鼻孔

11 ⑤ 턱
あご
顎

12 ⑥ 눈동자
ひとみ
瞳

13 ⑦ 목구멍
のど
喉

14 ⑧ 볼/뺨
ほお
頰

1 背中 [세나카] 등
せ なか

2 髪の毛 [카미노케] 머리카락
かみ け

3 腕 [우데] 팔
うで

4 腰 [코시] 허리
こし

5 お尻 [오시리] 엉덩이
しり

6 足首 [아시쿠비] 발목
あし くび

7 顎鬚 [아고히게] (턱)수염
あごひげ

8 頰鬚 [호오히게] 구레나룻
ほおひげ

9 目蓋 [마부타] 눈꺼풀
ま ぶた

10 鼻孔 [비코우] 콧구멍
び こう

11 顎 [아고] 턱
あご

12 瞳 [히토미] 눈동자
ひとみ

13 喉 [노도] 목구멍
のど

14 頰 [호오] 볼 / 뺨
ほお

¹ ⑨ 배꼽
へそ
臍

² ⑩ 손톱
つめ
爪

³ ⑪ 손목
て くび
手首

⁴ ⑫ 손바닥
て
手のひら

⁵ ⑬ 혀
した
舌

⁶ ⑭ 피부
はだ
肌

⁷ ⑮ 팔꿈치
ひじ
肘

⁸ ① 갈비뼈
ろっ こつ
肋骨

⁹ ② 고막
こ まく
鼓膜

¹⁰ ③ 달팽이관
か ぎゅうかん
蝸牛管

¹¹ ④ 뇌
のう
脳

¹² ⑤ 폐
はい
肺

¹³ ⑥ 간
きも
肝

¹⁴ ⑦ 심장
しん ぞう
心臓

¹⁵ ⑧ 다리뼈
だい たい こつ
大腿骨

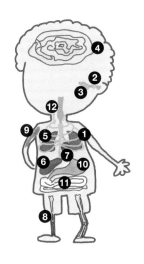

₁ へそ
臍 [헤소] 배꼽

₂ つめ
爪 [츠메] 손톱

₃ て くび
手首 [테쿠비] 손목

₄ て
手のひら [테노히라] 손바닥

₅ した
舌 [시타] 혀

₆ はだ
肌 [하다] 피부

₇ ひじ
肘 [히지] 팔꿈치

₈ ろっ こつ
肋骨 [록코츠] 갈비뼈

₉ こ まく
鼓膜 [코마쿠] 고막

₁₀ か ぎゅうかん
蝸牛管 [카규-칸] 달팽이관

₁₁ のう
脳 [노우] 뇌

₁₂ はい
肺 [하이] 폐

₁₃ きも
肝 [키모] 간

₁₄ しん ぞう
心臓 [신조우] 심장

₁₅ だい たい こつ
大腿骨 [다이타이코츠] 다리뼈

1 ⑨ 근육	2 ⑩ 위	3 ⑪ 대장	4 ⑫ 식도
きん にく	い	だい ちょう	しょく どう
筋肉	胃	大腸	食道

관련단어

건강하다	けんこう 健康だ	켄코우다
근시	きん し 近視	킨시
난시	らん し 乱視	란시
대머리	あたま はげ頭	하게아타마
동맥	どう みゃく 動脈	도-먀쿠
정맥	じょう みゃく 静脈	죠-먀쿠
맥박	みゃく 脈	먀쿠
체중	たい じゅう 体重	타이쥬-
세포	さい ぼう 細胞	사이보-
소화하다	こな 熟す	코나스
시력	し りょく 視力	시료쿠
주름살	しわ	시와
지문	し もん 指紋	시몬

きん にく			だい ちょう	
1	筋肉 [킨니쿠] 근육		3	大腸 [다이쵸우] 대장
2	い 胃 [이] 위		4	しょく どう 食道 [쇼쿠도우] 식도

1 천식
ぜんそく
喘息

2 고혈압
こうけつあつ
高血圧

3 소화불량
しょうかふりょう
消化不良

4 당뇨병
とうにょうびょう
糖尿病

5 생리통
せいりつう
生理痛

6 알레르기
アレルギー

7 심장병
しんぞうびょう
心臓病

8 맹장염
もうちょうえん
盲腸炎

9 위염
いえん
胃炎

10 감기
かぜ
風邪

11 배탈
ふくつう
腹痛

12 설사
げり
下痢

13 장티푸스
ちょう
腸チフス

14 결핵
けっかく
結核

15 고산병
こうざんびょう
高山病

---

1 喘息 [젠소쿠] 천식
ぜんそく

2 高血圧 [고-케츠아츠] 고혈압
こうけつあつ

3 消化不良 [쇼-카후료-] 소화불량
しょうかふりょう

4 糖尿病 [도-뇨-뵤-] 당뇨병
とうにょうびょう

5 生理痛 [세이리츠-] 생리통
せいりつう

6 アレルギー [아레루기-] 알레르기

7 心臓病 [신죠-뵤-] 심장병
しんぞうびょう

8 盲腸炎 [모-쵸-엔] 맹장염
もうちょうえん

9 胃炎 [이엔] 위염
いえん

10 風邪 [카제] 감기
かぜ

11 腹痛 [후쿠츠-] 배탈
ふくつう

12 下痢 [게리] 설사
げり

13 腸チフス [쵸-치후스] 장티푸스
ちょう

14 結核 [켁카쿠] 결핵
けっかく

15 高山病 [코-잔뵤-] 고산병
こうざんびょう

1 **광견병**
きょうけんびょう
狂犬病

2 **뎅기열**
ねつ
デング熱

3 **저체온증**
ていたいおんしょう
低体温症

4 **폐렴**
はいえん
肺炎

5 **식중독**
しょくちゅうどく
食中毒

6 **기관지염**
き かん し えん
気管支炎

7 **열사병**
ねっしゃびょう
熱射病

8 **치통**
は いた
歯痛

9 **간염**
かんえん
肝炎

10 **고열**
こう ねつ
高熱

11 **골절**
こっせつ
骨折

12 **기억상실증**
き おくそうしつ
記憶喪失

13 **뇌졸중**
のう そっちゅう
脳卒中

14 **독감**
インフルエンザ

15 **두통**
ず つう
頭痛

16 **마약중독**
ま やくちゅうどく
麻薬中毒

きょうけんびょう
1 狂犬病 [쿄-켄뵤] 광견병

ねつ
2 デング熱 [덴구네츠] 뎅기열

ていたいおんしょう
3 低体温症 [테이타이온쇼-] 저체온증

はいえん
4 肺炎 [하이엔] 폐렴

しょくちゅうどく
5 食中毒 [쇼쿠츄-도쿠] 식중독

きかんしえん
6 気管支炎 [키칸시엔] 기관지염

ねっしゃびょう
7 熱射病 [렛샤뵤-] 열사병

は いた
8 歯痛 [하이타] 치통

かんえん
9 肝炎 [칸엔] 간염

こうねつ
10 高熱 [코-네츠] 고열

こっせつ
11 骨折 [콧세츠] 골절

き おくそうしつ
12 記憶喪失 [기오쿠소-시츠] 기억상실증

のうそっちゅう
13 脳卒中 [노-솟츄-] 뇌졸중

ず つう
14 インフルエンザ [인후루엔자] 독감

ず つう
15 頭痛 [즈츠-] 두통

ま やくちゅうどく
16 麻薬中毒 [마야쿠츄-도쿠] 마약중독

1 불면증
ふみんしょう
不眠症

2 비만
ひまん
肥満

3 거식증
きょしょくしょう
拒食症

4 우두
ぎゅうとう
牛痘

5 암
がん
癌

6 천연두
てんねんとう
天然痘

7 빈혈
ひんけつ
貧血

🎵 관련대화

A : 요즘은 불면증으로 너무 힘들어요.
さいきん　ふみんしょう
最近は 不眠症で とても しんどいです。
사이킹와 후민쇼-데 토테모 신도이데스

B : 저도 그런데 밤마다 우유를 따뜻하게 데워 먹어보세요.
わたし　おな　　　　　　　まいばん　ぎゅうにゅう　あたた　　め　あ
私も 同じですけど、毎晩 牛乳を 温めて 召し上がってみてく
ださい。
와타시모 오나지데스케도, 마이방 큐-뉴-오 아타타메테 메시아가테미테쿠다사이

A : 좋은 정보 고마워요.
じょうほう　ありがと　ござ
いい情報 有難う御座います。
이이죠-호우 아리가토우고자이마스

ふみんしょう
1 不眠症 [후민쇼-] 불면증

ひまん
2 肥満 [히만] 비만

きょしょくしょう
3 拒食症 [쿄쇼쿠쇼] 거식증

ぎゅうとう
4 牛痘 [규-토우] 우두

がん
5 癌 [간] 암

てんねんとう
6 天然痘 [텐넨토-] 천연두

ひんけつ
7 貧血 [힌케츠] 빈혈

❤❤ 관련단어

가래	痰 (たん)	탄
침	唾 (つばき)	츠바키
열	熱 (ねつ)	네츠
여드름	にきび	니키비
블랙헤드	ブラックヘッド	브랏쿠헷도
알레르기 피부	アトピー皮膚 (ひ ふ)	아토피-히후
콧물	鼻水 (はなみず)	하나미즈
눈물	涙 (なみだ)	나미다
눈곱	目糞 (め くそ)	메쿠소
치질	痔疾 (じ しつ)	지시츠
모공	毛穴 (け あな)	케아나
각질	角質 (かくしつ)	카쿠시츠
피지	皮脂 (ひ し)	히시
코딱지	鼻糞 (はなくそ)	하나쿠소

1 아스피린
アスピリン

2 소화제
しょうかざい
消化剤

3 위장약
いちょうやく
胃腸薬

4 반창고
ばんそうこう
絆創膏

5 수면제
すいみんやく
睡眠薬

6 진통제
ちんつうざい
鎮痛剤

7 해열제
げねつざい
解熱剤

8 멀미약
よど
酔い止め

9 청심환
にっすいせいしんがん
日水清心丸

10 기침약
せきど
咳止め

11 지혈제
しけつざい
止血剤

12 탈수방지약
だっすいぼうしやく
脱水防止薬

13 소염제
しょうえんざい
消炎剤

14 소독약
しょうどくやく
消毒薬

15 변비약
べんぴやく
便秘薬

16 안약
めぐすり
目薬

1 アスピリン [아스피린] 아스피린
しょうかざい
2 消化剤 [쇼-카자이] 소화제
いちょうやく
3 胃腸薬 [이쵸-야쿠] 위장약
ばんそうこう
4 絆創膏 [반소-코-] 반창고
すいみんやく
5 睡眠薬 [스이민야쿠] 수면제
ちんつうやく
6 鎮痛剤 [친츠-자이] 진통제
げねつざい
7 解熱剤 [게네츠자이] 해열제
よど
8 酔い止め [요이도메] 멀미약

にっすいせいしんがん
9 日水清心丸 [닛스이세-신간] 청심환
せきど
10 咳止め [세키도메] 기침약
しけつざい
11 止血剤 [시케츠자이] 지혈제
だっすいぼうしやく
12 脱水防止薬 [닷스이보-시야쿠] 탈수방지약
しょうえんざい
13 消炎剤 [쇼-엔자이] 소염제
しょうどくやく
14 消毒薬 [쇼-도쿠야쿠] 소독약
べんぴやく
15 便秘薬 [벤피야쿠] 변비약
めぐすり
16 目薬 [메구스리] 안약

1 붕대
ほうたい
包帯

2 설사약
げ り ど
下痢止め

3 감기약
かぜ ぐ すり
風邪薬

4 비타민

ビタミン

5 영양제
えい ようざい
栄養剤

6 무좀약
みずむしぐすり
水虫薬

관련대화

A : 눈에 뭐가 들어갔어요. 안약 주세요.

め   なん   はい   めぐすり
目に 何か 入りました。目薬 ください。

메니 난카 하이리마시타. 메구스리 쿠다사이

B : 여기 있습니다.

ここに あります。

코코니 아리마스

관련단어

건강검진	けんこうしんだん 健康診断	켄코우신단
내과의사	ない か い 内科医	나이카이
노화	ろう か 老化	로-카
면역력	めんえきりょく 免疫力	멘에키료쿠
백신(예방) 접종	よ ぼう せっしゅ 予防 接種	요보우 셋슈

ほうたい
1 包帯 [호-타이] **붕대**

げ り ど
2 下痢止め [게리도메] **설사약**

かぜ ぐ すり
3 風邪薬 [카제구스리] **감기약**

4 ビタミン [비타민] **비타민**

えい ようざい
5 栄養剤 [에이요-자이] **영양제**

みずむしぐすり
6 水虫薬 [미즈무시구스리] **무좀약**

병실	病室 _{びょうしつ}	뵤-시츠
복용량	服用量 _{ふくようりょう}	후쿠요-료-
부상	負傷 _{ふしょう}	후쇼-
부작용	副作用 _{ふくさよう}	후쿠사요-
산부인과 의사	産科医 _{さんかい}	산카이
낙태	堕胎 _{だたい}	다타이
소아과 의사	小児科の医者 _{しょうにかのいしゃ}	쇼-니카노이샤
식욕	食欲 _{しょくよく}	쇼쿠요쿠
식이요법	食療法 _{しょくりょうほう}	쇼쿠료-호우
수술	手術 _{しゅじゅつ}	슈쥬츠
외과의사	外科医者 _{げかいしゃ}	게카이샤
치과의사	歯科医 _{しかい}	시카이
약국	薬局 _{やっきょく}	약쿄우
의료보험	医療保険 _{いりょうほけん}	이료-호켄
이식하다	移植する _{いしょく}	이쇼쿠스루
인공호흡	人工呼吸 _{じんこうこきゅう}	진코우코큐-
종합병원	総合病院 _{そうごうびょういん}	소-고-뵤-잉
침술	針術 _{はりじゅつ}	하리쥬츠
중환자실	集中治療室 _{しゅうちゅうちりょうしつ}	슈-츄-치료-시츠
응급실	応急室 _{おうきゅうしつ}	오-큐-시츠
처방전	処方箋 _{しょほうせん}	쇼호-센
토하다	吐く _は	하쿠
어지러운	目くらむ _め	메쿠라무
속이 메스껍다	むかつく	무카츠쿠

Unit 04 생리현상

1 **트림**
げっぷ

2 **재채기**
くしゃみ

3 **한숨**
ため息

4 **딸꾹질**
しゃっくり

5 **하품**
あくび

6 **눈물**
涙

7 **대변**
大便

8 **방귀**
おなら

9 **소변**
小便

관련대화

A: 에취! 감기가 들었는지 계속 재채기와 콧물이 나와.

はくしょん! 風邪を 引いたらしく ずっと くしゃみと 鼻水が 出る。

하쿠숀! 카제오 히이타라시쿠 즛토 쿠샤미토 하나미즈가 데루

B : 병원에 빨리 가보렴.

早く 病院に 行ってみなさい。

하야쿠 뵤-잉니 잇테미나사이

1 げっぷ [겟푸] **트림**

2 くしゃみ [쿠샤미] **재채기**

3 ため息 [타메이키] **한숨**

4 しゃっくり [샥쿠리] **딸꾹질**

5 あくび [아쿠비] **하품**

6 涙 [나미다] **눈물**

7 大便 [다이벤] **대변**

8 おなら [오나라] **방귀**

9 小便 [쇼-벤] **소변**

Chapter
03 감정, 행동 표현

Unit 01 감정

1 **사랑해요**
<ruby>愛<rt>あい</rt></ruby>してます

2 **통쾌해요**
<ruby>痛快<rt>つう かい</rt></ruby>してます

3 **흥분했어요**
<ruby>興奮<rt>こう ふん</rt></ruby>してます

4 **재미있어요**
<ruby>面白<rt>おも しろ</rt></ruby>いです

5 **행복해요**
<ruby>幸<rt>しあわ</rt></ruby>せです

6 **즐거워요**
<ruby>楽<rt>たの</rt></ruby>しいです

7 **좋아요**
いいです

8 **기뻐요**
うれしいです

1 愛してます [아이시테마스] **사랑해요**
2 痛快してます [츠-카이시테마스] **통쾌해요**
3 興奮してます [코-훈시테마스] **흥분했어요**
4 面白いです [오모시로이데스] **재미있어요**
5 幸せです [시아와세데스] **행복해요**
6 楽しいです [타노시이데스] **즐거워요**
7 いいです [이이데스] **좋아요**
8 うれしいです [우레시이데스] **기뻐요**

1 힘이 나요
げんき で
元気が 出ます

2 뿌듯해요
むね
胸がいっぱいです

3 짜릿해요
じいんときます

4 감격했어요
かんげき
感激しました

5 부끄러워요
は
恥ずかしいです

6 난처해요
こま
困ります

7 외로워요
さび
寂しいです

8 재미없어요
おもしろ
面白くないです

9 화났어요
おこ
怒ります

10 무서워요
こわ
怖いです

11 불안해요
ふ あん
不安です

12 피곤해요
つか
疲れます

13 싫어요
わる
悪いです

14 불쾌해요
ふ かい
不快です

1 げんき で
元気が 出ます [겐키가 데마스] **힘이
나요**

2 むね
胸がいっぱいです [무네가 잇빠이데
스] **뿌듯해요**

3 じいんときます [지인토키마스] **짜릿해
요**

4 かんげき
感激しました [칸게키시마시타] **감격했
어요**

5 は
恥ずかしいです [하즈카시이데스] **부
끄러워요**

6 こま
困ります [코마리마스] **난처해요**

7 さび
寂しいです [사비시이데스] **외로워요**

8 おもしろ
面白くないです [오모시로쿠나이데스]
재미없어요

9 おこ
怒ります [오코리마스] **화났어요**

10 こわ
怖いです [코와이데스] **무서워요**

11 ふ あん
不安です [후안데스] **불안해요**

12 つか
疲れます [츠카레마스] **피곤해요**

13 わる
悪いです [와루이데스] **싫어요**

14 ふ かい
不快です [후카이데스] **불쾌해요**

1 괴로워요
苦しいです

2 지루해요
退屈です

3 슬퍼요
悲しいです

4 억울해요
悔しいです

5 비참해요
惨めです

6 짜증나요
むかつきます

7 초조해요
いらいらします

8 무기력해요
無気力です

9 부담스러워요
負担に感じます

10 놀랐어요
驚きます

11 고마워요
ありがとうございます

12 행운을 빕니다
幸運を祈ります

13 질투 나요
嫉妬する

---

1 苦しいです [쿠루시이데스] **괴로워요**

2 退屈です [타이쿠츠데스] **지루해요**

3 悲しいです [카나시이데스] **슬퍼요**

4 悔しいです [쿠야시이데스] **억울해요**

5 惨めです [미지메데스] **비참해요**

6 むかつきます [무카츠키마스] **짜증나요**

7 いらいらします [이라이라시마스] **초초해요**

8 無気力です [무키료쿠데스] **무기력해요**

9 負担に感じます [후탄니 칸지마스]
부담스러워요

10 驚きます [오도로키마스] **놀랐어요**

11 ありがとうございます [아리가토우고
자이마스] **고마워요**

12 幸運を祈ります [고-운오 이노리마스]
행운을 빕니다

13 嫉妬する [싯토스루] **질투나요**

관련대화

A : 저는 비를 좋아해요. 그래서 비가 오면 기분이 너무 좋아요.
_{わたし} _{あめ} _す _{あめ} _ふ _{き もち}
私は 雨が 好きなので、雨が 降ると 気持が とてもいいです。
와타시와 아메가 스키나노데, 아메가 후루토 키모치가 토데모이이데스

B : 그래요? 저는 비가 오면 슬퍼요. 어제도 비가 와서 짜증났어요.
_{わたし} _{あめ} _ふ _{かな} _{きの う} _{あめ} _ふ
そうですか? 私は 雨が 降ると 悲しいです。昨日も 雨が 降
_{かな}
って 悲しかったです。
소-데스카? 와타시와 아메가 후루토 카나시이데스. 키노우모 아메가 훗테 카나시캇
타데스

A : 그래요? 저와는 정반대군요.
_{わたし} _{はんたい}
そうですか。私と 反対ですね。
소우데스카. 와타시토 한타이데스네

Unit 02 칭찬

1 멋져요
_{す てき}
素敵です

2 훌륭해요
_{りっ ぱ}
立派です

3 굉장해요
_{す ば}
素晴らしい
です

4 대단해요
_{すご}
凄いです

5 귀여워요
_{か わい}
可愛いです

6 예뻐요
きれいです

_{す てき}
1 素敵です [스테키데스] **멋져요**

_{りっ ぱ}
2 立派です [릿파데스] **훌륭해요**

_{す ば}
3 素晴らしいです [스바라시이데스] **굉
장해요**

_{すご}
4 凄いです [스고이데스] **대단해요**

_{か わい}
5 可愛いです [카와이이데스] **귀여워요**

6 きれいです [키레이데스] **예뻐요**

¹ **아름다워요**
美しいです
うつく

² **최고예요**
最高です
さい こう

³ **참 잘했어요**
とても
上手です
じょう ず

🐾 **관련대화**

A : 당신은 정말 귀여워요.

あなたは 本当に 可愛いです。
ほん とう　　 か わい

아나타와 혼토-니 카와이이데스

B : 고마워요. 당신은 정말 멋져요!

ありがとう。 あなたは 本当に 素敵です。
ほん とう　　 す てき

아리가토-. 아나타와 혼토-니 스테키데스

Unit 03 행동

⁴ **세수하다**
顔を 洗う
かお　 あら

⁵ **청소하다**
掃除する
そう じ

⁶ **자다**
寝る
ね

⁷ **일어나다**
起きる
お

---

¹ 美しいです [우츠쿠시이데스] **아름다워요**
うつく

² 最高です [사이코-데스] **최고예요**
さい こう

³ とても 上手です [토테모 죠-즈데스]
じょう ず
참 잘했어요

⁴ 顔を 洗う [카오오 아라우] **세수하다**
かお　 あら

⁵ 掃除する [소-지 스루] **청소하다**
そう じ

⁶ 寝る [네루] **자다**
ね

⁷ 起きる [오키루] **일어나다**
お

1 빨래하다
せんたく
洗濯する

2 먹다
た
食べる

3 마시다
の
飲む

4 요리하다
りょうり
料理する

5 설거지하다
さら あら
皿を洗う

6 양치질하다
うがい
嗽をする

7 샤워하다
あ
シャワーを浴びる

8 옷을 입다
ふく き
服を着る

9 옷을 벗다
ふく ぬ
服を脱ぐ

10 쓰레기를 버리다
す
ごみを捨てる

11 창문을 열다
まど あ
窓を開ける

12 창문을 닫다
まど し
窓を閉める

13 불을 켜다
あかり
明をともす

14 불을 끄다
あかり け
明を消す

---

1 洗濯する [센타쿠스루] **빨래하다**

2 食べる [타베루] **먹다**

3 飲む [노무] **마시다**

4 料理する [료-리스루] **요리하다**

5 皿を洗う [사라오 아라우] **설거지하다**

6 嗽をする [우가이오 스루] **양치질하다**

7 シャワーを浴びる [샤와-오 아비루] **샤워하다**

8 服を着る [후쿠오 키루] **옷을 입다**

9 服を脱ぐ [후쿠오 누구] **옷을 벗다**

10 ごみを捨てる [고미오 스테루] **쓰레기를 버리다**

11 窓を開ける [마도오 아케루] **창문을 열다**

12 窓を閉める [마도오 시메루] **창문을 닫다**

13 明をともす [아카리오 토모스] **불을 켜다**

14 明を消す [아카리오 케스] **불을 끄다**

1 오다 く 来る	**2 가다** い 行く	**3 앉다** すわ 座る
4 서다 た 立つ	**5 걷다** ある 歩く	**6 달리다** はし 走る
7 놀다 あそ 遊ぶ	**8 일하다** はたら 働く	**9 웃다** わら 笑う
10 울다 な 泣く	**11 나오다** で 出る	**12 들어가다** はい 入る
13 묻다 たず 尋ねる	**14 대답하다** こた 答える	**15 멈추다** と 止まる
16 움직이다 うご 動く	**17 올라가다** あ 上がる	**18 내려가다** お 下りる

1 来る [쿠루] 오다	10 泣く [나쿠] 울다
2 行く [이쿠] 가다	11 出る [데루] 나오다
3 座る [스와루] 앉다	12 入る [하이루] 들어가다
4 立つ [타츠] 서다	13 尋ねる [타즈네루] 묻다
5 歩く [아루쿠] 걷다	14 答える [고타에루] 대답하다
6 走る [하시루] 달리다	15 止まる [토마루] 멈추다
7 遊ぶ [아소부] 놀다	16 動く [우고쿠] 움직이다
8 働く [하타라쿠] 일하다	17 上がる [아가루] 올라가다
9 笑う [와라우] 웃다	18 下りる [오리루] 내려가다

1 박수 치다
手を たたく

2 찾다
探す

3 흔들다
振る

4 춤추다
踊る

5 뛰어오르다
跳ねる

6 넘어지다
倒れる

7 읽다
読む

8 싸우다
争う

9 말다툼하다
口げんかする

10 인사
挨拶

11 대화
対話

12 쓰다
書く

13 던지다
投げる

14 잡다
つかむ

1 手を たたく [데오 타타쿠] **박수치다**

2 探す [사가스] **찾다**

3 振る [후루] **흔들다**

4 踊る [오도루] **춤추다**

5 跳ねる [하네루] **뛰어오르다**

6 倒れる [타오레루] **넘어지다**

7 読む [요무] **읽다**

8 争う [아라소우] **싸우다**

9 口げんかする [쿠치겐카스루] **말다툼하다**

10 挨拶 [아이사츠] **인사**

11 対話 [타이와] **대화**

12 書く [카쿠] **쓰다**

13 投げる [나게루] **던지다**

14 つかむ [츠카무] **잡다**

A : 주말에는 주로 뭐하세요?
週末に 何を しますか?
슈-마츠니 나니오 시마스카

B : 저는 주말엔 청소하고 요리를 해요.
私は週末に掃除して 料理を します。
와타시와 슈-마츠니 소우지시테 료-리오 시마스

격려하다	励ます	하게마스
존경하다	敬う	우야마우
지지하다	支持する	시지스루
주장하다	主張する	슈쿄-스루
추천하다	推薦する	스이센스루
경쟁하다	張合う	하리아우
경고하다	警告する	케이코쿠스루
설득하다	説く	토쿠
찬성하다	賛する	산스루
반대하다	反対する	한타이스루
재촉하다	急かせる	세카세루
관찰하다	観察する	칸사츠스루
상상하다	思い浮かべる	오모이우카베루
기억하다	憶える	오보에루
후회하다	悔いる	쿠이루

신청하다	申^{もう}し込^こむ	모-시코무
약속하다	約束^{やくそく}する	야쿠소쿠스루
논평하다	論評^{ろんぴょう}する	론표-스루
속삭이다	囁^{ささや}く	사사야쿠
허풍을 떨다	法螺^{ほら}を吹^ふく	호라오 후쿠

Unit 04 인사

1 안녕하세요

お元気^{げんき}ですか

2 아침인사(안녕하세요)

おはようございます

3 점심인사(안녕하세요)

こんにちは

4 저녁인사(안녕하세요)

こんばんは

5 처음 뵙겠습니다

はじめまして

6 잘 부탁드립니다

どうぞ よろしく
お願^{ねが}いします

7 잘 지내셨어요

お元気^{げんき}で
いらっしゃいましたか

8 만나서 반갑습니다

お会^あいできて
うれしいです

1 お元気^{げんき}ですか [오겡키데스카] **안녕하세요**

2 おはようございます [오하요우고자이마스] **아침인사**

3 こんにちは [콘니치와] **점심인사**

4 こんばんは [콘방와] **저녁인사**

5 はじめまして [하지메마시테] **처음 뵙겠습니다**

6 どうぞ よろしくお願^{ねが}いします [도-죠 요로시쿠 오네가이시마스] **잘 부탁드립니다**

7 お元気^{げんき}で いらっしゃいましたか [오겐키데 이랏샤이마시타카] **잘 지내셨어요**

8 お会^あいできて うれしいです [오아이데키테 우레시이데스] **만나서 반갑습니다**

¹ 오랜만이에요

お久しぶりです

² 안녕히 가세요

さようなら

³ 또 만나요

また会いましょう

⁴ 안녕히 주무세요

おやすみなさい

관련대화

A : (아침인사)안녕하세요.

おはようございます。
오하요우고자이마스

B : 안녕하세요. 잘 지내셨죠?

おはようございます。お元気でしたか?
오하요우고자이마스. 오겐키데시타카

A : 네, 잘 지냈어요. 어디 가시는 길이에요?

はい、元気でした。どこに 行きますか?
하이, 겐키데시타. 도코니 이키마스카

B : 잠시 일이 있어서 나가는 길이에요.

ちっと 用事があって、出る ところです。
촛토 요-지가앗테, 데루 토코로데스

A : 그럼 다음에 뵐게요.

それでは、またね。
소레데와, 마타네

¹ お久しぶりです [오히사시부리데스]
　오랜만이에요

² さようなら [사요-나라] 안녕히 가세요

³ また会いましょう [마타아이마쇼-]
　또 만나요

⁴ おやすみなさい [오야스미나사이]
　안녕히 주무세요

1 생일 축하합니다

お誕生日
おめでとうございます
<small>たんじょう び</small>

2 결혼 축하합니다

ご結婚
おめでとうございます
<small>けっこん</small>

3 합격 축하합니다

合格
おめでとうございます
<small>ごう かく</small>

4 졸업 축하합니다

ご卒業
おめでとうございます
<small>そつぎょう</small>

5 명절 잘 보내세요

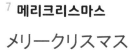

よい お休みを
過ごしてください
<small>やす</small>
<small>す</small>

6 새해 복 많이 받으세요

明けまして
おめでとうございます
<small>あ</small>

7 메리크리스마스

メリークリスマス

8 개업 축하합니다

ご開業
おめでとうございます
<small>かいぎょう</small>

Chapter 03 감정, 행동 표현

---

1 お誕生日おめでとうございます
<small>たんじょう び</small>
[오탄죠비 오메데토-고자이마스]
생일 축하합니다

2 ご結婚おめでとうございます [고켁
<small>けっこん</small>
콘 오메데토-고자이마스] **결혼 축하합니다**

3 合格おめでとうございます [고-카
<small>ごう かく</small>
쿠 오메데토-고자이마스] **합격 축하합니다**

4 ご卒業おめでとうございます [고소
<small>そつぎょう</small>
츠교- 오메데토-고자이마스] **졸업 축하합니다**

5 よいお休みを過ごしてください
<small>やす</small> <small>す</small>
[요이 오야스미오 스고시테쿠다사이]
명절 잘 보내세요

6 明けましておめでとうございます
<small>あ</small>
[아케마시테 오메데토-고자이마스]
새해 복 많이 받으세요

7 メリークリスマス [메리-쿠리스마스]
메리크리스마스

8 ご開業おめでとうございます [고카
<small>かいぎょう</small>
이교- 오메데토-고자이마스] **개업 축하합니다**

Chapter
04 교육

Unit 01 학교

1 유치원
ようちえん
幼稚園

2 초등학교
しょうがっこう
小学校

3 중학교
ちゅうがっこう
中学校

4 고등학교
こうとうがっこう
高等学校

5 대학교
だいがく
大学

6 학사
がくし
学士

7 석사
しゅうし
修士

8 박사
はかせ
博士

9 대학원
だいがくいん
大学院

ようちえん
1 幼稚園 [요-치엔] 유치원

しょうがっこう
2 小学校 [쇼-각코-] 초등학교

ちゅうがっこう
3 中学校 [츄-각코-] 중학교

こうとうがっこう
4 高等学校 [코-토-각코-] 고등학교

だいがく
5 大学 [다이카쿠] 대학교

がくし
6 学士 [가쿠시] 학사

しゅうし
7 修士 [슈-시] 석사

はかせ
8 博士 [하카세] 박사

だいがくいん
9 大学院 [다이가쿠잉] 대학원

A : 자녀가 몇 살이예요?

お子さんは おいくつですか?

오꼬상와 오이쿠츠데스카

B : 19살이에요. 내년에 대학에 들어가요.

十九歳です。来年に 大学に 入ります。

쥬-큐-사이데스. 라이넹니 다이가쿠니 하이리마스

A : 어머, 고3 학부모군요. 많이 힘드시겠어요.

あら、高校3年の 父兄ですね。とても 大変そうですね。

아라, 코-코- 산넹노 후케-이데스네. 토테모 타이헨소우데스네

B : 네, 그래도 아이가 저보다 더 힘들겠죠.

はい。でも, 私 より 子もが もっと 大変です。

하이. 데모, 와타시 요리 코도모가 못토 타이헨데스

관련단어

학원	塾	쥬쿠
공립학교	公立学校	코-리츠각코-
사립학교	私立学校	시리츠각코-
교장	校長	코-쵸-
학과장	学科長	각카쵸-
신입생	新入生	신뉴-세이
학년	学年	가쿠넹

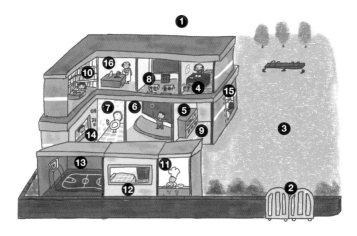

1 ① **교정** こう てい 校庭	2 ② **교문** こう もん 校門
3 ③ **운동장** うん どうじょう 運動場	4 ④ **교장실** こう ちょうしつ 校長室
5 ⑤ **사물함** ロッカー	6 ⑥ **강의실** こう ぎ しつ 講義室
7 ⑦ **화장실** トイレ	8 ⑧ **교실** きょうしつ 教室

1 こう てい
 校庭 [코-테이] 교정
2 こう もん
 校門 [코-몬] 교문
3 うん どうじょう
 運動場 [운도-죠-] 운동장
4 こう ちょうしつ
 校長室 [코-쵸-시츠] 교장실
5 ロッカー [롯카-] 사물함
6 こう ぎ しつ
 講義室 [코-기시츠] 강의실
7 トイレ [토이레] 화장실
8 きょうしつ
 教室 [쿄-시츠] 교실

¹ ⑨ **복도**
ろうか
廊下

² ⑩ **도서관**
としょかん
図書館

³ ⑪ **식당**
しょくどう
食堂

⁴ ⑫ **기숙사**
りょう
寮

⁵ ⑬ **체육관**
たいいくかん
体育館

⁶ ⑭ **매점**
ばいてん
売店

⁷ ⑮ **교무실**
きょうむしつ
教務室

⁸ ⑯ **실험실**
じっけんしつ
実験室

관련대화

A : 이 학교는 교정이 너무 예쁜거 같아요.
がっこう　　　こうてい　　　　　　うつく
この学校の 校庭は とても 美しいです。
코노 각코-노 코-테이와 토테모 우츠쿠시이데스

B : 그죠. 저는 이 학교 출신이에요.
　　　　　　わたし　　　　　がっこう　　しゅっしん
そうでしょう。 私は この 学校の 出身です。
소우데쇼-. 와타시와 코노 각코-노 슛신데스

¹ ろうか
廊下 [로-카] **복도**

² としょかん
図書館 [토쇼칸] **도서관**

³ しょくどう
食堂 [쇼쿠도우] **식당**

⁴ りょう
寮 [료-] **기숙사**

⁵ たいいくかん
体育館 [타이이쿠칸] **체육관**

⁶ ばいてん
売店 [바이텡] **매점**

⁷ きょうむしつ
教務室 [쿄-무시츠] **교무실**

⁸ じっけんしつ
実験室 [짓켄시츠] **실험실**

1	일본어	日本語	니혼고
2	영어	英語	에이고
3	중국어	中国語	츄-고쿠고
4	철학	哲学	테츠가쿠
5	문학	文学	분가쿠
6	수학	数学	스우가쿠
7	경제	経済	케-자이
8	상업	商業	쇼-교-
9	기술	技術	기슈츠

19	음악	音楽 <ruby>音<rt>おん</rt></ruby><ruby>楽<rt>がく</rt></ruby>	온가쿠
20	체육	体育 <ruby>体<rt>たい</rt></ruby><ruby>育<rt>いく</rt></ruby>	타이이쿠
21	윤리	倫理 <ruby>倫<rt>りん</rt></ruby><ruby>理<rt>り</rt></ruby>	린리
22	물리	物理 <ruby>物<rt>ぶつ</rt></ruby><ruby>理<rt>り</rt></ruby>	부츠리
23	받아쓰기	聞き取り <ruby>聞<rt>き</rt></ruby>き<ruby>取<rt>と</rt></ruby>り	키키토리
24	중간고사	中間試験 <ruby>中<rt>ちゅう</rt></ruby><ruby>間<rt>かん</rt></ruby><ruby>試<rt>し</rt></ruby><ruby>験<rt>けん</rt></ruby>	츄-칸시켄
25	기말고사	期末試験 <ruby>期<rt>き</rt></ruby><ruby>末<rt>まつ</rt></ruby><ruby>試<rt>し</rt></ruby><ruby>験<rt>けん</rt></ruby>	키마츠시켄
26	장학금	奨学金 <ruby>奨<rt>しょう</rt></ruby><ruby>学<rt>がく</rt></ruby><ruby>金<rt>きん</rt></ruby>	쇼-가쿠킨
27	입학	入学 <ruby>入<rt>にゅう</rt></ruby><ruby>学<rt>がく</rt></ruby>	뉴-가쿠

28	졸업	卒業 そつぎょう	소츠교-
29	숙제	宿題 しゅくだい	슈쿠다이
30	시험	試験 しけん	시켄
31	논술	論述 ろんじゅつ	론쥬츠
32	채점	採点 さいてん	사이텐
33	전공	専攻 せんこう	센코-
34	학기	学期 がっき	각키
35	등록금	登録金 とうろくきん	토-로쿠킨
36	컨닝	カンニング	칸닌구

A : 제일 좋아하는 과목이 뭐예요?
　　<ruby>一番<rt>いちばん</rt></ruby> <ruby>好<rt>す</rt></ruby>きな <ruby>科目<rt>かもく</rt></ruby>は <ruby>何<rt>なん</rt></ruby>ですか?
　　이치방 스키나 카모쿠와 난데스카

B : 저는 수학을 좋아해요.
　　<ruby>私<rt>わたし</rt></ruby>は <ruby>数学<rt>すうがく</rt></ruby>が すきです。
　　와타시와 수-가쿠가 스키데스

Unit 04 학용품

1 공책(노트)
<ruby>筆記帳<rt>ひっきちょう</rt></ruby>
/ ノート

2 지우개
<ruby>消<rt>け</rt></ruby>しゴム

3 볼펜
ボールペン

4 연필
<ruby>鉛筆<rt>えんぴつ</rt></ruby>

5 노트북
パソコン

6 책
<ruby>本<rt>ほん</rt></ruby>

7 칠판
<ruby>黒板<rt>こくばん</rt></ruby>

8 칠판지우개
<ruby>黒板<rt>こくばん</rt></ruby>ふき

---

1 <ruby>筆記帳<rt>ひっきちょう</rt></ruby> / ノート [힉키쵸- / 노-토] **공책 (노트)**

2 <ruby>消<rt>け</rt></ruby>しゴム [케시고무] **지우개**

3 ボールペン [보-루펜] **볼펜**

4 <ruby>鉛筆<rt>えんぴつ</rt></ruby> [엔비츠] **연필**

5 パソコン [파소콘] **노트북**

6 <ruby>本<rt>ほん</rt></ruby> [혼] **책**

7 <ruby>黒板<rt>こくばん</rt></ruby> [코쿠방] **칠판**

8 <ruby>黒板<rt>こくばん</rt></ruby>ふき [코쿠방후키] **칠판지우개**

1 필통
ふでばこ

2 샤프
シャープペン

3 색연필
いろ えんぴつ
色鉛筆

4 압정
が びょう
画鋲

5 만년필
まんねんひつ
万年筆

6 클립
クリップ

7 연필깎이
えんぴつけず
鉛筆削り

8 크레파스
クレヨン

9 화이트
しゅうせい
修正ペン

10 가위
はさみ
鋏

11 풀
のり
糊

12 물감
えのぐ

13 잉크
インク

14 자
じょう ぎ
定規

15 스테이플러
ホッチキス

16 스케치북
スケッチブック

17 샤프심
シャー
プペンシルの芯
しん

18 칼
カッターナイフ

1 파일
ファイル

2 매직펜
マジックペン

3 사인펜
サインペン

4 형광펜
蛍光ペン

5 테이프
テープ

6 콤파스
コンパス

🩷 **관련대화**

A : 볼펜 좀 빌려줄래요?

ボールペンを 借りても いいですか?

보-루펜오 카리테모 이이데스카

B : 네, 여기 있습니다. 쓰시고 나서 꼭 돌려주세요.

はい、どうぞ。使ったら かならず 返してください。

하이, 도우죠. 츠캇타라 카나라즈 카에시테쿠다사이

A : 네, 알겠습니다.

はい、分かりました。

하이 와카리마시타

---

1 ファイル [햐이루] **파일**

2 マジックペン [마직쿠펜] **매직펜**

3 サインペン [사인펜] **사인펜**

4 蛍光ペン [케-코-펜] **형광펜**

5 テープ [테-푸] **테이프**

6 コンパス [콘파스] **콤파스**

1 더하기
足す/プラス

2 빼기
引く/マイナス

3 나누기
分け

4 곱하기
掛ける

5 크다/작다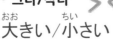
大きい/小さい

6 같다
同じ

7 마침표
終止符

8 느낌표
感嘆符

9 물음표
疑問符

10 하이픈
ハイフン

11 콜론
コロン

12 세미콜론
セミコロン

13 따옴표
引用符

14 생략기호
省略記号

15 at/골뱅이
アットマーク

16 루트
ルート

17 슬러쉬
スラッシュ

---

1 足す / プラス [타스 / 프라스] **더하기**

2 引く / マイナス [히쿠 / 마이나스] **빼기**

3 分け [와케] **나누기**

4 掛ける [카케루] **곱하기**

5 大きい / 小さい [오오키이 / 츠이사이] **크다 / 작다**

6 同じ [오나지] **같다**

7 終止符 [슈-시후] **마침표**

8 感嘆符 [칸탄후] **느낌표**

9 疑問符 [기몬후] **물음표**

10 ハイフン [하이훈] **하이픈**

11 コロン [코론] **콜론**

12 セミコロン [세미코론] **세미콜론**

13 引用符 [잉요-후] **따옴표**

14 省略記号 [쇼-랴쿠키고-] **생략기호**

15 アットマーク [앗토마-쿠] **at / 골뱅이**

16 ルート [루-토] **루트**

17 スラッシュ [스랏슈] **슬러쉬**

A : 10빼기 9는 무엇인가요?
じゅう ひ きゅう なん
十引く 九は 何ですか?
쥬 히쿠 큐-와 난데스카

B : 10빼기 9는 1입니다.
じゅう ひ きゅう いち
十引く 九は 一です。
쥬 히쿠 큐-와 이치데스

A : 그럼 4곱하기 2는 무엇인가요?
よん か に なん
四掛け 二は 何ですか?
욘 카케 니와 난데스카

B : 4곱하기 2는 8입니다.
よん か に はち
四掛け 二は 八になります。
욘 카케 니와 하치니나리마스

1 **정사각형** せい し かく けい 正四角形 	2 **삼각형** さん かく けい 三角形	3 **원** まる 丸
4 **사다리꼴** だい けい 台形	5 **원추형** えん すい けい 円錐形	6 **다각형** た かく けい 多角形
7 **부채꼴** おうぎ がた 扇形	8 **타원형** だ えん けい 楕円形	9 **육각형** ろっ かく けい 六角形
10 **오각형** ご かく けい 五角形	11 **원기둥** えん ちゅう 円柱	
12 **평행사변형** へい こう し へん けい 平行四辺形	13 **각뿔** かく すい 角錐	

1 _{せい し かく けい} 正四角形 [세이시카쿠케-] **정사각형**

2 _{さん かく けい} 三角形 [산카쿠케-] **삼각형**

3 _{まる} 丸 [마루] **원**

4 _{だい けい} 台形 [다이케-] **사다리꼴**

5 _{えん すい けい} 円錐形 [엔스이케-] **원추형**

6 _{た かく けい} 多角形 [타카쿠케-] **다각형**

7 _{おうぎ がた} 扇形 [오-기가타] **부채꼴**

8 _{だ えん けい} 楕円形 [다엔케-] **타원형**

9 _{ろっ かく けい} 六角形 [롯카쿠케-] **육각형**

10 _{ご かく けい} 五角形 [고카쿠케-] **오각형**

11 _{えん ちゅう} 円柱 [엔츄-] **원기둥**

12 _{へい こう し へん けい} 平行四辺形 [헤이코-시헨케-] **평행사변형**

13 _{かく すい} 角錐 [칵스이] **각뿔**

A : 삼각형의 세 각의 합은 몇 도인가요?

三角形の 全ての 角度の 合計は 何度ですか?

산카쿠케-노 스베테노 카쿠도노 고-케-와 난도데스카

B : 삼각형의 세 각의 합은 180도입니다.

三角形の 全ての 角度の 合計は 百八十度です。

산카쿠케-노 스베테노카쿠도노 고-케이와 햐쿠하치쥬도데스

A : 그럼, 무엇을 정사각형이라고 하나요?

では、正四角形だと どんな ものですか?

데와, 세이시카쿠케-다토 돈나모노데스카

B : 네 변의 길이가 같은 사각형을 정사각형이라고 합니다.

四辺の 長さが 同じ 四角形を 正四角形だと 言います。

욘헨노 나가사가 오나지 시카쿠케이오 세이시카쿠케-다토 이이마스

A : 맞습니다. 정말 똑똑하네요.

正しいです。本当に 頭が いいですね。

타다시이데스. 혼토-니 아타마가 이이데스네

1 영 れい 零/ゼロ	**2 일** いち 一	**3 이** に 二
4 삼 さん 三	**5 사** し/よん 四	**6 오** ご 五
7 육 ろく 六	**8 칠** しち/なな 七	**9 팔** はち 八
10 구 きゅう 九	**11 십** じゅう 十	**12 이십** に じゅう 二十 20
13 삼십 さんじゅう 三十 30	**14 사십** よんじゅう 四十 40	**15 오십** ご じゅう 五十 50
16 육십 ろくじゅう 六十 60	**17 칠십** ななじゅう 七十 70	**18 팔십** はちじゅう 八十 80

Chapter 04 교육

1 零 / ゼロ [레이 / 제로] **영**
れい

2 一 [이치] **하나**
いち

3 二 [니] **둘**
に

4 三 [산] **셋**
さん

5 四 [시/욘] **넷**
しよん

6 五 [고] **다섯**
ご

7 六 [로쿠] **여섯**
ろく

8 七 [시치/나나] **일곱**
しちなな

9 八 [하치] **여덟**
はち

10 九 [큐-] **아홉**
きゅう

11 十 [쥬-] **열**
じゅう

12 二十 [니쥬-] **이십**
に じゅう

13 三十 [산쥬-] **삼십**
さんじゅう

14 四十 [욘쥬-] **사십**
よんじゅう

15 五十 [고쥬-] **오십**
ご じゅう

16 六十 [로쿠쥬-] **육십**
ろくじゅう

17 七十 [나나쥬-] **칠십**
ななじゅう

18 八十 [하치쥬-] **팔십**
はちじゅう

1 **구십**		2 **백**		3 **천**	
きゅうじゅう	90	ひゃく	100	せん	1,000
九十		百		千	

4 **만**		5 **십만**		6 **백만**	
まん	10,000	じゅうまん	100,000	ひゃくまん	1,000,000
万		十万		百万	

7 **천만**		8 **억**		9 **조**	
せんまん	10,000,000	おく	100,000,000	ちょう	1,000,000,000,000
千万		億		兆	

관련대화

A : 당신은 어떤 숫자를 좋아하나요?
あなたは どんな 数字が 好きですか?
아나타와 돈나 스-지가 스키데스카

B : 저는 숫자 9를 좋아합니다.
私は 九が 好きです。
와타시와 큐-가 스키데스

A : 무슨 의미가 있는 숫자인가요?
どんな 意味が ある 数字ですか?
돈나 이미가 아루 스-지 데스카

B : 아니요. 아무 의미 없어요. 그냥 좋아하는 숫자에요.
いいえ、何の 意味も ありません。ただ 好きな 数字です。
이이에, 난노 이미모 아리마셍. 타다 스키나 스-지데스

---

1 九十 [큐-쥬-] **구십**   4 万 [만] **만**   7 千万 [센만] **천만**

2 百 [햐쿠] **백**   5 十万 [쥬-만] **십만**   8 億 [오쿠] **억**

3 千 [센] **천**   6 百万 [햐쿠만] **백만**   9 兆 [쵸-] **조**

1 명
めい
名

2 마리(작은 동물)
ひき、びき、ぴき
匹

3 마리(큰 동물)
とう
頭

4 개
こ
 個

5 잔
はい、ばい、ぱい
杯

6 병
びん
瓶

7 장
まい
枚

8 권
さつ
冊

9 대(기계나 가전제품)
だい
台

10 층
かい、がい
階

11 채(집을 세는 단위)
けん
軒

12 개(길쭉한 것)
ぽん、ほん
本

🐾 관련대화

A : 몇 분이세요?
なんめいさま
何名様ですか?
난메이사마데스카

B : 두 명입니다.
ふたり
二人です。
후타리데스

1 名 [메이] 명
めい

2 匹 [히키, 비키, 피키] 마리(작은 동물)
ひき,びき,ぴき

3 頭 [토-] 마리(큰 동물)
とう

4 個 [코] 개
こ

5 杯 [하이, 바이, 파이] 잔
はい,ばい,ぱい

6 瓶 [빙] 병
びん

7 枚 [마이] 장
まい

8 冊 [사츠] 권
さつ

9 台 [다이] 대(기계나 가전제품)
だい

10 階 [카이, 가이] 층
かい,がい

11 軒 [켄] 채(집을 세는 단위)
けん

12 本 [본, 혼] 개(길쭉한 것)
ほん,ぼん

Chapter

05 계절/월/요일

Unit 01 계절

1 봄
はる
春

2 여름
なつ
夏

3 가을
あき
秋

4 겨울
ふゆ
冬

💕 **관련대화**

A : 지금은 무슨 계절입니까?
　　いま　　なん　　き せつ
　　今は 何の 季節ですか?
　　이마와 난노 키세츠데스카

B : 지금은 봄입니다.
　　いま　　はる
　　今は 春です。
　　이마와 하루데스

1 春 [하루] **봄**
　はる

2 夏 [나츠] **여름**
　なつ

3 秋 [아키] **가을**
　あき

4 冬 [후유] **겨울**
　ふゆ

Unit 02 요일

1 월요일
げつようび
月曜日

2 화요일
かようび
火曜日

3 수요일
すいようび
水曜日

4 목요일
もくようび
木曜日

5 금요일
きんようび
金曜日

6 토요일
どようび
土曜日

7 일요일
にちようび
日曜日

관련대화

A : 오늘은 무슨 요일인가요?
きょう　　なんようび
今日は 何曜日ですか?
쿄-와 난요-비데스카

B : 오늘은 수요일입니다.
きょう　　すいようび
今日は 水曜日です。
쿄-와 스이요-비데스

げつようび
1 月曜日 [게츠요-비] **월요일**
かようび
2 火曜日 [카요-비] **화요일**
すいようび
3 水曜日 [스이요-비] **수요일**
もくようび
4 木曜日 [모쿠요-비] **목요일**

きんようび
5 金曜日 [킹요-비] **금요일**
どようび
6 土曜日 [도요-비] **토요일**
にちようび
7 日曜日 [니치요-비] **일요일**

¹ **1월**
いちがつ
一月

² **2월**
に がつ
二月

³ **3월**
さんがつ
三月

⁴ **4월**
し がつ
四月

⁵ **5월**
ご がつ
五月

⁶ **6월**
ろくがつ
六月

⁷ **7월**
しちがつ
七月

⁸ **8월**
はちがつ
八月

⁹ **9월**
く がつ
九月

¹⁰ **10월**
じゅうがつ
十月

¹¹ **11월**
じゅういちがつ
十一月

¹² **12월**
じゅうに がつ
十二月

1 いちがつ 一月 [이치가츠] 1월

2 に がつ 二月 [니가츠] 2월

3 さんがつ 三月 [산가츠] 3월

4 し がつ 四月 [시가츠] 4월

5 ご がつ 五月 [고가츠] 5월

6 ろくがつ 六月 [로쿠가츠] 6월

7 しちがつ 七月 [시치가츠] 7월

8 はちがつ 八月 [하치가츠] 8월

9 く がつ 九月 [쿠가츠] 9월

10 じゅうがつ 十月 [쥬-가츠] 10월

11 じゅういちがつ 十一月 [쥬-이치가츠] 11월

12 じゅうに がつ 十二月 [쥬-니가츠] 12월

1 1일 ついたち 一日	**2 2일** ふつか 二日	**3 3일** みっか 三日	**4 4일** よっか 四日
5 5일 いつか 五日	**6 6일** むいか 六日	**7 7일** なのか 七日	**8 8일** ようか 八日
9 9일 ここのか 九日	**10 10일** とおか 十日	**11 11일** じゅういちにち 十一日	**12 12일** じゅうににち 十二日

1 一日 [츠이타치] 1일
2 二日 [후츠카] 2일
3 三日 [믹카] 3일
4 四日 [욕카] 4일
5 五日 [이츠카] 5일
6 六日 [무이카] 6일
7 七日 [나노카] 7일
8 八日 [요우카] 8일
9 九日 [코코노카] 9일
10 十日 [토오카] 10일
11 十一日 [쥬-이치니치] 11일
12 十二日 [쥬-니니치] 12일

1 **13일** じゅうさん にち 十三日	2 **14일** じゅうよっ か 十四日	3 **15일** じゅう ご にち 十五日	4 **16일** じゅう ろく にち 十六日
5 **17일** じゅうしち にち 十七日	6 **18일** じゅうはち にち 十八日	7 **19일** じゅう く にち 十九日	8 **20일** は つ か 二十日
9 **21일** に じゅういち にち 二十一日	10 **22일** に じゅう に にち 二十二日	11 **23일** に じゅうさん にち 二十三日	12 **24일** に じゅうよっ か 二十四日
13 **25일** に じゅう ご にち 二十五日	14 **26일** に じゅうろくにち 二十六日	15 **27일** に じゅうしち にち 二十七日	16 **28일** に じゅうはちにち 二十八日
17 **29일** に じゅう く にち 二十九日	18 **30일** さんじゅうにち 三十日	19 **31일** さんじゅういちにち 三十一日	

1 じゅうさん にち 十三日 [쥬-산니치] 13일
2 じゅうよっ か 十四日 [쥬-욕카] 14일
3 じゅう ご にち 十五日 [쥬-고니치] 15일
4 じゅうろく にち 十六日 [쥬-로쿠니치] 16일
5 じゅうしち にち 十七日 [쥬-시치니치] 17일
6 じゅうはち にち 十八日 [쥬-하치니치] 18일
7 じゅう く にち 十九日 [쥬-쿠니치] 19일
8 は つ か 二十日 [하츠카] 20일
9 に じゅういち にち 二十一日 [니쥬-이치니치] 21일
10 に じゅう に にち 二十二日 [니쥬-니니치] 22일
11 に じゅうさん にち 二十三日 [니쥬-산니치] 23일
12 に じゅうよっ か 二十四日 [니쥬-욕카] 24일
13 に じゅう ご にち 二十五日 [니쥬-고니치] 25일
14 に じゅうろくにち 二十六日 [니쥬-로쿠니치] 26일
15 に じゅうしち にち 二十七日 [니쥬-시치니치] 27일
16 に じゅうはち にち 二十八日 [니쥬-하치니치] 28일
17 に じゅうはち にち 二十八日 [니쥬-쿠니치] 29일
18 さんじゅうにち 三十日 [산쥬-니치] 30일
19 さんじゅういちにち 三十一日 [산쥬-이치니치] 31일

🐝 관련대화

A : 오늘은 몇 월 며칠인가요?
<ruby>今日<rt>きょう</rt></ruby>は <ruby>何月<rt>なんがつ</rt></ruby> <ruby>何日<rt>なんにち</rt></ruby>ですか?
쿄-와 난가츠 난니치데스카

B : 오늘은 1월 10일입니다.
<ruby>今日<rt>きょう</rt></ruby>は <ruby>一月<rt>いちがつ</rt></ruby> <ruby>十日<rt>とおか</rt></ruby>です。
쿄-와 이치가츠 토-카데스

🐝 관련단어

달력	カレンダー	카렌다-
다이어리	ダイアリー	다이아리-
건국기념일	建国記念の日	켄코쿠키넹노히
춘분	春分	슌붕
추분	秋分	슈-붕
골든위크	ゴールデンウィーク	고-루덴위-쿠

* 골든위크 : 4월 말에서 5월 초에 걸친, 1년 중 휴일이 가장 많은 주간; 황
   금 주간

쇼와의날 (천황탄신일)	昭和の日	쇼-와노히
녹색의 날	みどりの日	미도리노히
성년의 날	成人の日	세이징노히

1 새벽
よ あ
夜明け

2 아침
あさ
朝

3 오전
ご ぜん
午前

4 점심
ひる
昼

5 오후
ご ご
午後

6 저녁
よい
宵

7 밤
よる
夜

8 시
じ
時

9 분
ぶん
分

10 초
びょう
秒

11 어제
きのう
昨日

12 오늘
きょう
今日

13 내일
あ した
明日

14 내일모레
あ さって
明後日

15 반나절
はんにち
半日

16 하루
いちにち
一日

💬 관련대화

A : 가와모또상은 언제 한국에 놀러오나요?

かわもと　　　　　　かんこく　　　あそ　　　き
川本さんは いつ 韓国へ 遊びに 来ますか?

카와모토상와 이츠 칸코쿠헤 아소비니 키마스카

1 夜明け [요아케] **새벽**
2 朝 [아사] **아침**
3 午前 [고젠] **오전**
4 昼 [히루] **점심**
5 午後 [고고] **오후**
6 宵 [요이] **저녁**

7 夜 [요루] **밤**
8 時 [지] **시**
9 分 [분] **분**
10 秒 [뵤-] **초**
11 昨日 [키노우] **어제**
12 今日 [쿄-] **오늘**

13 明日 [아시타] **내일**
14 明後日 [아삿테] **내일모레**
15 半日 [한니치] **반나절**
16 一日 [이치니치] **하루**

B : 내일 한국에 와요.
明日 韓国へ 来ます。
あした かんこく き
아시타 칸코쿠헤 키마스

A : 몇 시 도착 예정인가요?
何時に 到着 予定ですか?
なん じ とうちゃく よ てい
난지니 토-챠쿠 요테이데스카

B : 오후 3시 30분 도착 예정이에요.
午後 三時 三十分 到着 予定です。
ご ご さん じ さんじゅっぷん とうちゃく よ てい
고고 산지 산즛풍 토우챠쿠 요테이데스

A : 한국에는 언제까지 있나요?
韓国には いつまで いらっしゃいますか?
かんこく
칸코쿠니와 이츠마데 이랏샤이마스카

B : 다음 주 화요일까지 있습니다.
来週火曜日まで います。
らいしゅう か よう び
라이슈-카요비마데 이마스스

A : 알겠습니다. 그럼 제가 내일 점심을 살게요.
分かりました。では、私が 明日 昼御飯を おごります。
わ わたし あした ひる ご はん
와키리마시타. 데와, 와타시가 아시타 히루고항오 오고리마스

💕 관련단어

지난주	先週 せんしゅう	센슈-
이번 주	今週 こんしゅう	곤슈-
다음 주	来週 らいしゅう	라이슈-
일주일	一週間 いっしゅうかん	잇슈-칸
한 달	一ヶ月 いっ かげつ	잇카게츠
일 년	一年 いちねん	이치넹

Chapter
06 자연과 우주

Unit 01 날씨 표현

1 맑다
きよ
清い

2 따뜻하다
あたた
暖かい

3 화창하다
うら
麗らかだ

4 덥다
あつ
暑い

5 흐리다
くも
曇る

6 안개 끼다
かすみ
霧が かかる

7 비가 오다
あめ　ふ
雨が 降る

8 비가 그치다
あめ　や
雨が 止む

9 습하다
しと
湿る

10 무지개가 뜨다
にじ　で
虹が 出る

11 장마철이다
つゆ　は
梅雨に 入いる

---

1 きよ 清い [키요이] **맑다**

2 あたた 暖かい [아타타카이] **따뜻하다**

3 うら 麗らかだ [우라라카다] **화창하다**

4 あつ 暑い [아츠이] **덥다**

5 くも 曇る [쿠모루] **흐리다**

6 かすみ 霧が かかる [카스미가 카카루] **안개 끼다**

7 あめ　ふ 雨が 降る [아메가 후루] **비가 오다**

8 あめ　や 雨が 止む [아메가 야무] **비가 그치다**

9 しと 湿る [시토루] **습하다**

10 にじ　で 虹が 出る [니지가 데루] **무지개가 뜨다**

11 つゆ　は 梅雨に 入いる [츠유니 하이루] **장마철이다**

1 천둥 치다
かみなり な
雷が 鳴る

2 번개 치다
いなずま はし
稲妻が 走る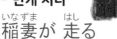

3 바람이 불다
かぜ ふ
風が 吹く

4 시원하다
こころよ
快い

5 태풍이 몰아치다
たい ふう ふ つ
台風が 吹き付ける

6 눈이 내리다
ゆき ふ
雪が 降る

7 얼음이 얼다
こおり は
氷が 張る

8 선선하다
すず
涼しい

9 쌀쌀하다
すがすが
清清しい

10 춥다
さむ
寒い

11 서리가 내리다
しも お
霜が 降りる

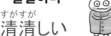 관련대화

A : 내일 날씨는 어때요?
あした てんき
明日の 天気は どうですか?
아시타노 텡키와 도우데스카

B : 내일은 덥습니다.
あした あつ
明日は 暑いです。
아시타와 아츠이데스

1 かみなり な
雷が 鳴る [카미나리가 나루] **천둥치다**

2 いなずま はし
稲妻が 走る [이나즈마가 하시루] **번개 치다**

3 かぜ ふ
風が 吹く [카제가 후쿠] **바람이 불다**

4 こころよ
快い [코코로요이] **시원하다**

5 たい ふう ふ つ
台風が 吹き付ける [타이후-가 후키츠케루] **태풍이 몰아치다**

6 ゆき ふ
雪が 降る [유키가 후루] **눈이 내리다**

7 こおり は
氷が 張る [고오리가 하루] **얼음이 얼다**

8 すず
涼しい [스즈시이] **선선하다**

9 すがすが
清清しい [스가스가시이] **쌀쌀하다**

10 さむ
寒い [사무이] **춥다**

11 しも お
霜が 降りる [시모가 오리루] **서리가 내리다**

1 해
たいよう
太陽

2 구름
くも
雲

3 비
あめ
雨

4 바람
かぜ
風

5 눈
ゆき
雪

6 고드름
つらら
氷柱

7 별
ほし
星

8 달
つき
月

9 우주
うちゅう
宇宙

10 우박
ひさめ
氷雨

11 홍수
こうずい
洪水

12 가뭄
ひでり
日照り

13 지진
じしん
地震

14 자외선
しがいせん
紫外線

15 열대야
ねったいや
熱帯夜

16 오존층
そう
オゾン層

17 화산(화산폭발)
かざん　かざんばくはつ
火山 / 火山爆発

1 太陽 [타이요-] 해
2 雲 [쿠모] 구름
3 雨 [아메] 비
4 風 [카제] 바람
5 雪 [유키] 눈
6 氷柱 [츠라라] 고드름
7 星 [호시] 별
8 月 [츠키] 달
9 宇宙 [우츄-] 우주

10 氷雨 [히사메] 우박
11 洪水 [코우즈이] 홍수
12 日照り [히데리] 가뭄
13 地震 [지신] 지진
14 紫外線 [시가이센] 자외선
15 熱帯夜 [넷타이야] 열대야
16 オゾン層 [오존소-] 오존층
17 火山 / 火山爆発 [카잔 / 카잔바쿠하츠] 화산(화산폭발)

A : 오늘 날씨는 어때요?
今日の 天気は どうですか?
쿄-노 텐키와 도우데스카

B : 오늘은 비가 와요.
今日は 雨です。
쿄-와 아메데스

관련단어

토네이도	トルネード	토루네-도
고기압	高気圧	코-키아츠
한랭전선	寒冷前線	칸레이젠센
온도	温度	온도
한류	寒流	칸류-
난류	暖流	단류-
저기압	低気圧	테이키아츠
일기예보	天気予報	텐키요호-
계절	季節	키세츠
화씨	華氏	카시
섭씨	摂氏	셋시
연무	煙霧	엔무
아지랑이	陽炎	카게로-
서리	霜	시모
진눈깨비	霙	미조래

강우량	こう う りょう 降雨量	고-우료-
미풍	び ふう 微風	비후-
돌풍	とっ ぷう 突風	톳푸-
폭풍	ぼう ふう 暴風	보-후-
대기	たい き 大気	타이키
공기	くう き 空気	쿠-키

1 **지구**
ち きゅう
地球

2 **수성**
すい せい
水星

3 **금성**
きん せい
金星

4 **화성**
か せい
火星

5 **목성**
もく せい
木星

6 **토성**
ど せい
土星

7 **천왕성**
てん のう せい
天王星

8 **명왕성**
めい おう せい
冥王星

9 **태양계**
たい よう けい
太陽系

10 **외계인**
う ちゅうじん
宇宙人

11 **행성**
わく せい
惑星

12 **은하계**
ぎん が けい
銀河系

13 **북두칠성**
ほく と しちせい
北斗七星

14 **카시오페이아**
カシオペア

15 **큰곰자리**
おお くま ざ
お熊座

16 **작은곰자리**
こ くま ざ
小熊座

1 地球 [치큐-] **지구**
ち きゅう

2 水星 [스이세이] **수성**
すい せい

3 金星 [킨세이] **금성**
きん せい

4 火星 [카세이] **화성**
か せい

5 木星 [모쿠세이] **목성**
もく せい

6 土星 [도세이] **토성**
ど せい

7 天王星 [텐노우세이] **천왕성**
てん のう せい

8 冥王星 [메이오-세이] **명왕성**
めい おう せい

9 太陽系 [타이요우케이] **태양계**
たい よう けい

10 宇宙人 [우쮸-징] **외계인**
う ちゅうじん

11 惑星 [와쿠세이] **행성**
わく せい

12 銀河系 [긴가케이] **은하계**
ぎん が けい

13 北斗七星 [호쿠토시치세이] **북두칠성**
ほく と しちせい

14 カシオペア [카시오페아] **카시오페이아**

15 お熊座 [오오쿠마자] **큰곰자리**
おお くま ざ

16 小熊座 [코쿠마자] **작은곰자리**
こ くま ざ

1 환경
かんきょう
環境

2 파괴
は かい
破壊

3 멸망
は めつ
破滅

4 재활용
さい り りょう
再利用

5 쓰레기
ごみ
塵

6 쓰레기장
ごみ す ば
塵捨て場

7 하수
げ すい
下水

8 폐수
はいすい
廃水

9 오염
お せん
汚染

10 생존
せいぞん
生存

11 자연
し ぜん
自然

12 유기체
ゆう き たい
有機体

13 생물
せいぶつ
生物

14 지구온난화
ち きゅうおんだん か
地球温暖化

---

1 環境 [칸쿄-] 환경
2 破壊 [하카이] 파괴
3 破滅 [하메츠] 멸망
4 再利用 [사이리요우] 재활용
5 塵 [고미] 쓰레기
6 塵捨て場 [고미스테바] 쓰레기장
7 下水 [게스이] 하수
8 廃水 [하이스이] 폐수
9 汚染 [오센] 오염
10 生存 [세-존] 생존
11 自然 [시젠] 자연
12 有機体 [유-키타이] 유기체
13 生物 [세이부츠] 생물
14 地球温暖化 [치큐-온단카] 지구온난화

<table>
<tr><td>

1 **보름달**
まんげつ
満月

</td><td>

2 **반달**
はんげつ
半月

</td></tr>
</table>

3 **초승달**
み か づき
三日月

4 **유성**
なが ぼし
流れ星

5 **위도**
い ど
緯度

6 **경도**
けい ど
経度

7 **적도**
せきどう
赤道

8 **일식**
にっしょく
日食

관련대화

A : 명왕성이 태양계에서 소멸된 게 몇 년도이죠?
めい おうせい　　　たい ようけい　　　しょうめつ　　　　　　　なんねん ど
冥王星が 太陽系で 消滅したのが 何年度ですか?
메이오-세이가 타이요우케-데 쇼-메츠시타노가 난넹도데스카

B : 2006년도요.
　　　　　ねん
2006年です。
니센로쿠넹데스

---

1 まんげつ
　満月 [만게츠] **보름달**
2 はんげつ
　半月 [한게츠] **반달**
3 み か づき
　三日月 [미카즈키] **초승달**
4 なが ぼし
　流れ星 [나가레보시] **유성**

5 い ど
　緯度 [이도] **위도**
6 けい ど
　経度 [케이도] **경도**
7 せきどう
　赤道 [세키도우] **적도**
8 にっしょく
　日食 [닛쇼쿠] **일식**

포유류 哺乳類 호뉴-루이

1 사슴
しか
鹿

2 고양이
ねこ
猫

3 팬더(판다)
パンダ

4 사자
しし
獅子

5 호랑이
とら
虎

6 기린
きりん
麒麟

7 곰
くま
熊

8 다람쥐
りす
栗鼠

9 낙타
らくだ
駱駝

10 염소
やぎ
山羊

11 표범
ひょう
豹

12 여우
きつね
狐

13 늑대
おおかみ
狼

14 돌고래
いるか
海豚

15 코알라
コアラ

16 양
ひつじ
羊

17 코끼리
ぞう
象

18 돼지
ぶた
豚

---

1 鹿 [시카] **사슴**

2 猫 [네코] **고양이**

3 パンダ [판다] **팬더(판다)**

4 獅子 [시시] **사자**

5 虎 [토라] **호랑이**

6 麒麟 [키린] **기린**

7 熊 [쿠마] **곰**

8 栗鼠 [리스] **다람쥐**

9 駱駝 [라쿠다] **낙타**

10 山羊 [야기] **염소**

11 豹 [효-] **표범**

12 狐 [키츠네] **여우**

13 狼 [오오카미] **늑대**

14 海豚 [이루카] **돌고래**

15 コアラ [코아라] **코알라**

16 羊 [히츠지] **양**

17 象 [조우] **코끼리**

18 豚 [부타] **돼지**

1 말
うま
馬

2 원숭이
さる
猿

3 하마
か　ば
河馬

4 얼룩말
しまうま
縞馬

5 북극곰
ほっきょくぐま
北極熊

6 바다표범
あざ　らし
海豹

7 두더지
も　ぐら
土竜

8 개
いぬ
犬

9 코뿔소
さい
犀

10 쥐
ねずみ
鼠

11 소
うし
牛

12 토끼
うさぎ
兎

13 레드판다
レッドパンダ

14 캥거루
カンガルー

1　うま
　馬 [우마] **말**

2　さる
　猿 [사루] **원숭이**

3　か　ば
　河馬 [카바] **하마**

4　しまうま
　縞馬 [시마우마] **얼룩말**

5　ほっきょくぐま
　北極熊 [홋쿄쿠구마] **북극곰**

6　あざ　らし
　海豹 [아자라시] **바다표범**

7　も　ぐら
　土竜 [모구라] **두더지**

8　いぬ
　犬 [이누] **개**

9　さい
　犀 [사이] **코뿔소**

10　ねずみ
　鼠 [네즈미] **쥐**

11　うし
　牛 [우시] **소**

12　うさぎ
　兎 [우사기] **토끼**

13　レッドパンダ [렛토판다] **레드판다**

14　カンガルー [칸가루-] **캥거루**

곤충/거미류 昆虫類 / 蜘蛛類 콘츄-루이 / 쿠모루이

1 모기
か
蚊

2 파리
はえ
蠅

3 벌
はち
蜂

4 잠자리
とんぼ
蜻蛉

5 거미
くも
蜘蛛

6 매미
せみ
蟬

7 바퀴벌레
ゴキブリ

8 귀뚜라미
こおろぎ
蟋蟀

9 풍뎅이
こがねむし
黄金虫

10 무당벌레
てんとうむし
天道虫

11 반딧불이
ほたる
蛍

12 메뚜기
バッタ

13 개미
あり
蟻

14 사마귀
かまきり

15 나비
ちょう
蝶

16 전갈
さそり
蠍

17 소금쟁이
あめんぼ
水馬

---

1 蚊 [카] **모기**
2 蠅 [하에] **파리**
3 蜂 [하치] 벌
4 蜻蛉 [돈보] **잠자리**
5 蜘蛛 [쿠모] **거미**
6 蟬 [세미] **매미**
7 ゴキブリ [고키부리] **바퀴벌레**
8 蟋蟀 [코오로기] **귀뚜라미**
9 黄金虫 [코가네무시] **풍뎅이**

10 天道虫 [텐토우무시] **무당벌레**
11 蛍 [호타루] **반딧불이**
12 バッタ [밧타] **메뚜기**
13 蟻 [아리] **개미**
14 かまきり [카마키리] **사마귀**
15 蝶 [쵸-] **나비**
16 蠍 [사소리] **전갈**
17 水馬 [아멘보] **소금쟁이**

조류 鳥類 쵸-루이

1 독수리
はげわし
禿鷲

2 박쥐
こうもり
蝙蝠

3 부엉이
みみずく
木菟

4 매
はやぶさ
隼

5 까치
かささぎ
鵲

6 까마귀
からす
烏

7 참새
すずめ
雀

8 학
つる
鶴

9 오리
かも
鴨

10 펭귄
ペンギン

11 제비
つばめ
燕

12 닭
とり
鶏

13 공작
くじゃく
孔雀

14 앵무새
おうむ
鸚鵡

15 기러기
かり
雁

16 거위
ガチョウ

17 비둘기
はと
鳩

18 딱따구리
きつつき
啄木鳥

1 禿鷲 [하게와시] **독수리**

2 蝙蝠 [코-모리] **박쥐**

3 木菟 [미미즈쿠] **부엉이**

4 隼 [하야부사] **매**

5 鵲 [카사사기] **까치**

6 烏 [카라스] **까마귀**

7 雀 [스즈메] **참새**

8 鶴 [츠루] **학**

9 鴨 [카모] **오리**

10 ペンギン [벤긴] **팽귄**

11 燕 [츠바메] **제비**

12 鶏 [토리] **닭**

13 孔雀 [쿠쟈쿠] **공작**

14 鸚鵡 [오-무] **앵무새**

15 雁 [카리] **기러기**

16 ガチョウ [가쵸-] **거위**

17 鳩 [하토] **비둘기**

18 啄木鳥 [키츠츠키] **딱따구리**

파충류/양서류 爬虫類/ 両生類 하츄-루이 / 료-세이루이

1 보아뱀
ボア

2 달팽이
かたつむり
蝸牛

3 도마뱀
とかげ
蜥蜴

4 이구아나
イグアナ

5 코브라
コブラ

6 두꺼비
たにぐく
谷蟆

7 올챙이
たま
お玉じゃくし

8 도롱뇽
さんしょううお
山椒魚

9 개구리
かえる
蛙

10 악어
わに
鰐

11 거북이
かめ
亀

12 뱀
へび
蛇

13 지렁이
みみ ず
蚯蚓

14 카멜레온
カメレオン

💟 **관련대화**

A : 어떤 동물을 좋아해요?
どんな 動物が 好きですか?
돈나 도우부츠가 스키데스카

1 ボア [보아] **보아뱀**
2 蝸牛 [카타츠무리] **달팽이**
3 蜥蜴 [토카게] **도마뱀**
4 イグアナ [이구아나] **이구아나**
5 コブラ [코부라] **코브라**
6 谷蟆 [타니구쿠] **두꺼비**
7 お玉じゃくし [오타마쟈쿠시] **올챙이**

8 山椒魚 [산쇼-우오] **도롱뇽**
9 蛙 [카에루] **개구리**
10 鰐 [와니] **악어**
11 亀 [카메] **거북이**
12 蛇 [헤비] **뱀**
13 蚯蚓 [미미즈] **지렁이**
14 カメレオン [카메레온] **카멜레온**

B : 저는 사슴을 좋아해요.
私は 鹿が 好きです。
와타시와 시카가 스키데스

A : 모기는 정말 위험한 벌레인 거 같아요.
蚊は 本当に 危険な 虫だと 思います。
카와 혼토-니 키켄나 무시다토 오모이마스

B : 그죠, 저는 모기가 제일 싫어요.
そうでしょう、私は 蚊が 一番 嫌いです。
소우데쇼-, 와타시와 카가 이치방 키라이데스

관련단어

더듬이	触角	쇽카쿠
번데기	蛹	사나기
알	卵	타마고
애벌레	幼虫	요우쵸-
뿔	角	츠노
발톱	爪	츠메
꼬리	尻尾	싯포
발굽	蹄	히즈메
동면하다	冬眠する	토-민스루
부리	くちばし	쿠치바시
깃털	羽毛	우모우
날개	羽	하네
둥지	鳥の巣	토노스
희귀동물	珍獣	친쥬-

어류/연체동물/갑각류 魚類 / 軟体動物 / 甲殻類
교루이 / 난타이도우부츠 / 코우카쿠루이

1 연어
しろざけ
白鮭

2 잉어
こい
鯉

3 쉬리
ヤガタムギツク

4 대구
たら
鱈

5 복어
ふ ぐ
河豚

6 문어
たこ
蛸

7 오징어
い か
烏賊

8 꼴뚜기
いいだこ
飯蛸

9 낙지
て ながたこ
手長蛸

10 게
かに
蟹

11 새우
えび
蝦

12 가재
ざり がに
蝲蛄

13 메기
なまず
鯰

14 상어
さめ
鮫

15 해파리
くら げ
水母

16 조개
かい
貝

17 불가사리
ひと で
海星

1 しろざけ 白鮭 [시로자케] 연어

2 こい 鯉 [코이] 잉어

3 ヤガタムギツク [야가타무긴츠쿠] 쉬리

4 たら 鱈 [타라] 대구

5 ふ ぐ 河豚 [후구] 복어

6 たこ 蛸 [타코] 문어

7 い か 烏賊 [이카] 오징어

8 いいだこ 飯蛸 [이이다코] 꼴뚜기

9 て ながたこ 手長蛸 [테나가타코] 낙지

10 かに 蟹 [카니] 게

11 えび 蝦 [에비] 새우

12 ざり がに 蝲蛄 [자리가니] 가재

13 なまず 鯰 [나마즈] 메기

14 さめ 鮫 [사메] 상어

15 くら げ 水母 [쿠라게] 해파리

16 かい 貝 [카이] 조개

17 ひと で 海星 [히토데] 불가사리

A : 문어 다리가 몇 개인지 아세요?

蛸の足が 何個か 知ってますか?
<small>たこ あし なんこ し</small>

타코노 아시가 난코카 싯테마스카

B : 8개 아닌가요?

八個じゃ ないですか?
<small>はち こ</small>

하치고쟈 나이데스카

A : 네, 맞아요.

はい、そうです。

하이, 소우데스

비늘	鱗 <small>うろこ</small>	우로코
아가미	あぎと	아기토
물갈퀴발	水搔き <small>みず か</small>	미즈카키
지느러미	鰭 <small>ひれ</small>	히레

식물(꽃/풀/야생화/나무)

1 무궁화
槿 <small>むくげ</small>

2 코스모스
コスモス

3 수선화
水仙 <small>すいせん</small>

4 장미
薔薇 <small>ばら</small>

5 데이지
デージー

6 아이리스
アイリス

1 槿 <small>むくげ</small> [무쿠게] **무궁화**   3 水仙 <small>すいせん</small> [스이센] **수선화**   5 デージー [데-지-] **데이지**

2 コスモス [코스모스] **코스모스**   4 薔薇 <small>ばら</small> [바라] **장미**   6 アイリス [아이리스] **아이리스**

Chapter 06 자연과 우주

1 동백꽃	2 벚꽃	3 나팔꽃
つばき はな 椿の花	さくら 桜	あさがお 朝顔

4 라벤더 	5 튤립 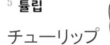	6 제비꽃
ラベンダー	チューリップ	すみれ

7 안개꽃	8 해바라기	9 진달래
かすみそう 霞草	ひ ま わり 向日葵	つつ じ 躑躅

10 민들레	11 캐모마일	12 클로버
たん ぽ ぽ 蒲公英	カモミール	クローバー

13 강아지풀	14 갈퀴나물	15 고사리
えの ころ ぐさ 狗尾草	つる ふじ ばかま 蔓藤袴	わらび 蕨

16 잡초	17 억새풀	18 소나무
ざっ そう 雑草	すすき 薄	まつ 松

1　つばき はな
椿の花 [츠바키노하나] 동백꽃

2　さくら
桜 [사쿠라] 벚꽃

3　あさがお
朝顔 [아사가오] 나팔꽃

4　ラベンダー [라벤다-] 라벤더

5　チューリップ [츄-릿푸] 튤립

6　すみれ [스미레] 제비꽃

7　かすみそう
霞草 [카스미소우] 안개꽃

8　ひ ま わり
向日葵 [히마와리] 해바라기

9　つつ じ
躑躅 [츠츠지] 진달래

10　たん ぽ ぽ
蒲公英 [탄포포] 민들레

11　カモミール [카모미-루] 캐모마일

12　クローバー [쿠로-바-] 클로버

13　えの ころ ぐさ
狗尾草 [에노코로구사] 강아지풀

14　つる ふじ ばかま
蔓藤袴 [츠로후지바카마] 갈퀴나물

15　わらび
蕨 [와라비] 고사리

16　ざっ そう
雑草 [잣소-] 잡초

17　すすき
薄 [스스키] 억새풀

18　まつ
松 [마츠] 소나무

1 메타세콰이아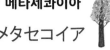
メタセコイア

2 감나무
<ruby>柿<rt>かき</rt></ruby>の<ruby>木<rt>き</rt></ruby>

3 사과나무
<ruby>林檎<rt>りんご</rt></ruby>の<ruby>木<rt>き</rt></ruby>

4 석류나무
<ruby>柘榴<rt>ざくろ</rt></ruby>の<ruby>木<rt>き</rt></ruby>

5 밤나무
<ruby>栗<rt>くり</rt></ruby>の<ruby>木<rt>き</rt></ruby>

6 은행나무
<ruby>銀杏<rt>いちょう</rt></ruby>

7 배나무
<ruby>梨<rt>なし</rt></ruby>の<ruby>木<rt>き</rt></ruby>

8 양귀비꽃
ケシの<ruby>花<rt>はな</rt></ruby>

🌸 관련단어

뿌리	<ruby>根<rt>ね</rt></ruby>っこ	넷코
잎	<ruby>葉<rt>は</rt></ruby>	하
꽃봉오리	<ruby>蕾<rt>つぼみ</rt></ruby>	츠보미
꽃말	<ruby>花言葉<rt>はなことば</rt></ruby>	하나코토바
꽃가루	<ruby>花粉<rt>かふん</rt></ruby>	카훈
개화기	<ruby>開花期<rt>かいかき</rt></ruby>	카이카키
낙엽	<ruby>落<rt>お</rt></ruby>ち<ruby>葉<rt>ば</rt></ruby>	오치바
단풍	<ruby>紅葉<rt>もみじ</rt></ruby>	모미지
거름	<ruby>肥<rt>こ</rt></ruby>やし	코야시
줄기	<ruby>乳草<rt>ちちくさ</rt></ruby>	치치쿠사

---

1 メタセコイア [메타세코이아] **메타세콰이아**
2 <ruby>柿<rt>かき</rt></ruby>の<ruby>木<rt>き</rt></ruby> [카키노키] **감나무**
3 <ruby>林檎<rt>りんご</rt></ruby>の<ruby>木<rt>き</rt></ruby> [린고노키] **사과나무**
4 <ruby>柘榴<rt>ざくろ</rt></ruby>の<ruby>木<rt>き</rt></ruby> [자쿠로노키] **석류나무**

5 <ruby>栗<rt>くり</rt></ruby>の<ruby>木<rt>き</rt></ruby> [쿠리노키] **밤나무**
6 <ruby>銀杏<rt>いちょう</rt></ruby> [이쵸-] **은행나무**
7 <ruby>梨<rt>なし</rt></ruby>の<ruby>木<rt>き</rt></ruby> [나시노키] **배나무**
8 ケシの<ruby>花<rt>はな</rt></ruby> [케시노하나] **양귀비꽃**

Chapter

07 주거 관련

Unit 01 집의 종류

1 ① **아파트**

アパート

2 ② **전원주택**
でんえんじゅうたく
田園住宅

3 ③ **일반주택**
いっぱんじゅうたく
一般住宅

4 ④ **맨션**

マンション

5 ⑤ **오피스텔**

オフィステル

6 ⑥ **레오팔레스**

レオパレス

7 ⑦ **다다미집**
たたみ　　　　いえ
畳がある家

8 ⑧ **UR주택**
じゅうたく
UR住宅

9 ⑨ **임대주택**
ちんたいじゅうたく
賃貸住宅

1 アパート [아파-토] **아파트**
でんえんじゅうたく
2 田園住宅 [덴엔쥬-타쿠] **전원주택**
いっぱんじゅうたく
3 一般住宅 [이반쥬-타쿠] **일반주택**

4 マンション [만숀] **맨션**

5 オフィステル [오피스테루] **오피스텔**

6 レオパレス [레오파레스] **레오팔레스**
たたみ　　　　いえ
7 畳がある家 [타타미가 아루 이에] **다다
미집**
じゅうたく
8 UR住宅 [유아루쥬타쿠] **UR주택**
ちんたいじゅうたく
9 賃貸住宅 [친타이쥬-타쿠] **임대주택**

1 ⑩ 하이츠	2 ⑪ 코포	3 ⑫ 별장
ハイツ	コーポ	べっ そう 別荘

관련대화

A : 지금 어떤 집에서 살고 있나요?
いま　　　　いえ　　す
今 どんな 家に 住んでますか?
이마 돈나 이에니 순데마스카

B : 저는 아파트에서 살고 있어요.
わたし　　　　　　　　　　す
私は アパートに 住んでます。
와타시와 아파-토니 순데마스

관련단어

살다	す 住む	스무
주소	じゅうしょ 住所	쥬-쇼
임차인	ちんしゃくにん 賃借人	친샤쿠닝
임대인	ちんたいにん 賃貸人	친타이닝
가정부	か せい ふ 家政婦	카세이후
월세	や ちん 家賃	야칭

1　ハイツ [하이츠] **하이츠**

2　コーポ [코-포] **코포**

3　べっそう
別荘 [벳소-] **별장**

1 ① **대문**
おおもん
大門

2 ② **담**
へい
塀

3 ③ **정원**
にわ
庭

4 ④ **우편함**
ゆうびん う
郵便受け

5 ⑤ **차고**
しゃ こ
車庫

6 ⑥ **진입로**
しんにゅう ろ
進入路

7 ⑦ **굴뚝**
えん とつ
煙突

8 ⑧ **지붕**
や ね
屋根

9 ⑨ **계단**
かいだん
階段

10 ⑩ **벽**
か べ
壁

11 ⑪ **테라스**
テラス

12 ⑫ **창고**
そう こ
倉庫

1　大門 [오-몬] **대문**
おおもん

2　塀 [헤이] **담**
へい

3　庭 [니와] **정원**
にわ

4　郵便受け [유-빙우케] **우편함**
ゆうびん う

5　車庫 [샤코] **차고**
しゃ こ

6　進入路 [신뉴-로] **진입로**
しんにゅう ろ

7　煙突 [엔토츠] **굴뚝**
えん とつ

8　屋根 [야네] **지붕**
や ね

9　階段 [카이단] **계단**
かいだん

10　壁 [카베] **벽**
か べ

11　テラス [테라스] **테라스**

12　倉庫 [소-코] **창고**
そう こ

● 114

1 ⑬ **다락방**	2 ⑭ **옥상**	3 ⑮ **현관**
やねうらべや	おくじょう	げんかん
屋根裏部屋	屋上	玄関

4 ⑯ **지하실**	5 ⑰ **위층**	6 ⑱ **아래층**
ちかしつ	じょうかい	かそう
地下室	上階	下層

7 ⑲ **안마당 뜰**	8 ⑳ **기둥**	9 ㉑ **울타리**
まえにわ	はしら	かきね
前庭	柱	垣根

10 ㉒ **자물쇠**
じょう
錠

🐾 관련대화

A : 어떤 집을 사시려고요?

いえ か
どんな 家を 買うつもりですか?
돈나 이에오 카우츠모리데스카

B : 정원이 있는 집을 사려고 합니다.

にわ いえ か
庭が ある 家を 買うつもりです。
니와가 아루 이에오 카우츠모리데스

やねうらべや
1 屋根裏部屋 [야네우라베야] **다락방**
おくじょう
2 屋上 [오쿠죠-] **옥상**
げんかん
3 玄関 [겐캉] **현관**
ちかしつ
4 地下室 [치카시츠] **지하실**
じょうかい
5 上階 [죠-카이] **위층**

かそう
6 下層 [카소-] **아래층**
まえにわ
7 前庭 [마에니와] **안마당 뜰**
はしら
8 柱 [하시라] **기둥**
かきね
9 垣根 [카키네] **울타리**
じょう
10 錠 [죠-] **자물쇠**

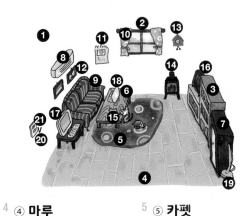

1 ① **거실**

リビング

2 ② **창문**
まど
窓

3 ③ **책장**
ほんだな
本棚

4 ④ **마루**
ゆか
床

5 ⑤ **카펫**

カーペット

6 ⑥ **테이블**

テーブル

7 ⑦ **장식장**

コモード

8 ⑧ **에어컨**

エアコンディショ
ナー

9 ⑨ **소파**

ソファ

10 ⑩ **커튼**

カーテン

11 ⑪ **달력**

カレンダー

12 ⑫ **액자**
がく
額

---

1 リビング [리빙구] **거실**
まど
2 窓 [마도] **창문**
ほんだな
3 本棚 [혼다나] **책장**
ゆか
4 床 [유카] **마루**

5 カーペット [카-펫토] **카펫**

6 テーブル [테-부루] **테이블**

7 コモード [코모-도] **장식장**

8 エアコンディショナー [에아콘디쇼
나-] **에어컨**

9 ソファ [소화-] **소파**

10 カーテン [카-텐] **커튼**

11 カレンダー [카렌다-] **달력**
がく
12 額 [가쿠] **액자**

1 ⑬ **시계**
とけい
時計

2 ⑭ **벽난로**
だんろ
暖炉

3 ⑮ **꽃병**
かびん
花瓶

4 ⑯ **텔레비전**
テレビジョン

5 ⑰ **컴퓨터**
コンピューター

6 ⑱ **노트북**
ノートパソコン

7 ⑲ **진공청소기**
しんくうそうじき
真空掃除機

8 ⑳ **스위치를 끄다**
け
スイッチを 消す

9 ㉑ **스위치를 켜다**
つ
スイッチを 点ける

관련대화

A : 소파가 너무 이뻐요. 어디서 샀나요?

か
ソファが とても きれいです。 どこで 買いましたか?

소화가 토테모 키레이데스. 도코데 카이마시타카

B : 이케아에서 샀어요. 이케아 물건은 싸고 이뻐요.

か   せいひん   やす
イケアで 買いました。 イケア 製品は 安いし きれいです。

이케아데 카이마시타. 이케아 세이힝와 야스이시 키레이데스

1 とけい
   時計 [토케이] **시계**

2 だんろ
   暖炉 [단로] **벽난로**

3 かびん
   花瓶 [카빈] **꽃병**

4 テレビジョン [테레비죵] **텔레비전**

5 コンピューター [콘퓨-타-] **컴퓨터**

6 ノートパソコン [노-토파소콘] **노트북**

7 しんくうそうじき
   真空掃除機 [싱쿠-소-지키] **진공청소기**

8 け
   スイッチを消す [스잇치오 케스] **스위치
   를 끄다**

9 つ
   スイッチを点ける [스잇치오 츠케루]
   스위치를 켜다

1 ① **침대**	**2** ② **자명종/알람시계**	**3** ③ **매트리스**
しん だい 寝台/ベッド	め ざ ど けい 目覚まし時計	マットレス
4 ④ **침대시트**	**5** ⑤ **슬리퍼**	**6** ⑥ **이불**
ベッドのシーツ	スリッパ	ふ とん 布団
7 ⑦ **베개**	**8** ⑧ **화장대**	**9** ⑨ **화장품**
まくら 枕	け しょうだい 化粧台	け しょうひん 化粧品

しん だい
1 寝台 / ベッド [신다이 / 벳토] **침대**
め ざ ど けい
2 目覚まし時計 [메자마시도케이] **자명종**
　/ 알람시계
3 マットレス [맛토레스] **매트리스**
4 ベッドのシーツ [벳도노시-츠] **침대시트**

5 スリッパ [스릿파] **슬리퍼**
ふ とん
6 布団 [후통] **이불**
まくら
7 枕 [마쿠라] **베개**
け しょうだい
8 化粧台 [케쇼-다이] **화장대**
け しょうひん
9 化粧品 [케쇼-힝] **화장품**

1 ⑩ 옷장	2 ⑪ 잠옷	3 ⑫ 쿠션

1 ⑩ 옷장
たんす
箪笥

2 ⑪ 잠옷
ねまき
寝巻き

3 ⑫ 쿠션
クッション

4 ⑬ 쓰레기통
ごみばこ
塵箱

5 ⑭ 천장
てんじょう
天井

6 ⑮ 전등
でんき
電気

7 ⑯ 스위치
スイッチ

8 ⑰ 공기청정기
くうき せいじょうき
空気清浄機

9 일어나다
お
起きる

10 자다
ね
寝る

🐾 **관련대화**

A : 매일 아침 몇 시에 일어나시나요?
まいあさ なんじ　お
毎朝 何時に 起きますか?
마이아사 난지니 오키마스카

B : 저는 매일 아침 8시에 일어납니다.
わたし　　まいあさ はちじ　お
私は 毎朝 八時に 起きます。
와타시와 마이아사 하치지니 오키마스

Chapter 07 주거 관련

---

1 たんす
 箪笥 [탄스] **옷장**

2 ねまき
 寝巻き [네마키] **잠옷**

3 クッション [쿳숀] **쿠션**

4 ごみばこ
 塵箱 [고미바코] **쓰레기통**

5 てんじょう
 天井 [덴죠-] **천장**

6 でんき
 電気 [뎅키] **전등**

7 スイッチ [스잇치] **스위치**

8 くうき せいじょうき
 空気清浄機 [쿠-키세이죠-키] **공기청정기**

9 お
 起きる [오키루] **일어나다**

10 ね
 寝る [네루] **자다**

1 ① **냉장고**
れいぞうこ
冷蔵庫

2 ② **전자레인지**
でんし
電子レンジ

3 ③ **환풍기**
かんきせん
換気扇

4 ④ **가스레인지**
ガスレンジ

5 ⑤ **싱크대**
なが
流し

6 ⑥ **주방조리대**
ちゅうぼうちょうりだい
厨房調理台

7 ⑦ **오븐**
オーブン

8 ⑧ **수납장**
たな
棚

9 ⑨ **접시걸이선반**
とだな
戸棚

10 ⑩ **식기세척기**
しょっきあらき
食器洗い機

---

1 冷蔵庫 [레이조-고] **냉장고**
れいぞうこ

2 電子レンジ [덴시렌지] **전자레인지**
でんし

3 換気扇 [칸키센] **환풍기**
かんきせん

4 ガスレンジ [가스렌지] **가스레인지**

5 流し [나가시] **싱크대**
なが

6 厨房調理台 [츄-보-쵸-리다이] **주방조리대**
ちゅうぼうちょうりだい

7 オーブン [오-븐] **오븐**

8 棚 [타나] **수납장**
たな

9 戸棚 [토다나] **접시걸이선반**
とだな

10 食器洗い機 [숏키아라이키] **식기세척기**
しょっきあらき

A : 환풍기 작동이 안 되네요.
かん き せん　うご
換気扇が 動きません。
칸키센가 우고키마센

B : 저는 수리공을 불렀어요.
わたし　しゅう り や　　よ
私は 修理屋さんを 呼びました。
와타시와 슈-리야상오 요비마시타

Unit 06　주방용품

1 도마	2 프라이팬	3 믹서기
まな板	フライパン	ミキサー

4 주전자	5 앞치마	6 커피포트
薬缶	エプロン	コーヒーポット

7 전기밥솥	8 뒤집개	9 주걱
炊飯器	フライ返し	へら

10 칼	11 머그컵
包丁	マグカップ

1　まな板 [마나이타] **도마**
2　フライパン [후라이판] **프라이팬**
3　ミキサー [미키사-] **믹서기**
4　薬缶 [야칸] **주전자**
5　エプロン [에프론] **앞치마**
6　コーヒーポット [코-히-폿토] **커피포트**

7　炊飯器 [스이한키] **전기밥솥**
8　フライ返し [후라이가에시] **뒤집개**
9　へら [헤라] **주걱**
10　包丁 [호-쵸-] **칼**
11　マグカップ [마구캇푸] **머그컵**

1 토스터기
トースター機

2 국자
おたま

3 냄비
鍋

4 수세미
束子

5 주방세제
食器用洗剤

6 알루미늄호일
アルミホイル

7 병따개
栓抜き

8 젓가락
はし

9 포크
フォーク

10 숟가락
匙 / スプーン

11 접시
皿

12 소금
塩

13 후추
胡椒

14 조미료
調味料

15 음식을 먹다
食べ物
を食べる

---

1 トースター機 [토-스타-키] **토스터기**

2 おたま [오타마] **국자**

3 鍋 [나베] **냄비**

4 束子 [다와시] **수세미**

5 食器用洗剤 [숏키요-센자이] **주방세제**

6 アルミホイル [아루미호이루] **알루미늄호일**

7 栓抜き [센누키] **병따개**

8 はし [하시] **젓가락**

9 フォーク [포-크] **포크**

10 匙 / スプーン [사지 / 스푼-] **숟가락**

11 皿 [사라] **접시**

12 塩 [시오] **소금**

13 胡椒 [코쇼-] **후추**

14 調味料 [쵸-미료] **조미료**

15 食べ物を食べる [타베모노오타베루] **음식을 먹다**

A : 요리는 조미료와 정성이죠.

料理は 調味料と まごころでしょう。
요-리와 쵸-미료토 마고코로데쇼-

B : 그렇지만 음식에 화학조미료를 너무 많이 넣는 건 좋지 않은거 같아요.

でも、食べ物に 化学 調味料を 入れすぎるとよくないと思い

ます。
데모, 타베모노니 카가쿠 쵸-미료-오 이레스기루토요쿠나이토 오모이마스

A : 그건 그래요.

それは そうです。
소레와 소우데스

Unit 07 욕실용품

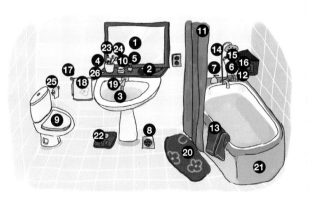

1 ① **거울**

かがみ
鏡

2 ② **드라이기**

ドライヤー

1 ③ 세면대 せんめんだい 洗面台	2 ④ 면도기 かみそり 剃刀	3 ⑤ 면봉 めんぼう 綿棒
4 ⑥ 목욕바구니 もくよく 沐浴かご	5 ⑦ 바디로션 ボディーローション	6 ⑧ 배수구 はいすいこう 排水溝
7 ⑨ 변기 べんき 便器	8 ⑩ 비누 せっけん 石鹸	9 ⑪ 욕실커튼 よくしつ 浴室カーテン
10 ⑫ 빗 くし 櫛	11 ⑬ 샤워가운 シャワーガウン	12 ⑭ 샤워기 き シャワー機
13 ⑮ 샴푸 シャンプー	14 ⑯ 린스 リンス	15 ⑰ 수건걸이 か タオル掛け
16 ⑱ 수건 てぬぐい 手拭/タオル	17 ⑲ 수도꼭지 じゃぐち 蛇口	18 ⑳ 욕실매트 よくしつ 浴室マット

1 せんめんだい
洗面台 [센멘다이] 세면대

2 かみそり
剃刀 [카미소리] 면도기

3 めんぼう
綿棒 [멘보-] 면봉

4 もくよく
沐浴かご [모쿠요쿠카고] 목욕바구니

5 ボディーローション [보디-로-숀] 바디로션

6 はいすいこう
排水溝 [하이스이코우] 배수구

7 べんき
便器 [벤키] 변기

8 せっけん
石鹸 [셋켕] 비누

9 よくしつ
浴室カーテン [요쿠시츠카텐] 욕실커튼

10 くし
櫛 [쿠시] 빗

11 シャワーガウン [샤와-가운] 샤워가운

12 き
シャワー機 [샤와-키] 샤워기

13 シャンプー [샨푸] 샴푸

14 リンス [린스] 린스

15 か
タオル掛け [다오루카케] 수건걸이

16 てぬぐい
手拭 / タオル [테누구이 / 타오루] 수건

17 じゃぐち
蛇口 [쟈구치] 수도꼭지

18 よくしつ
浴室マット [요구시츠맛토] 욕실매트

1 ㉑ **욕조**	2 ㉒ **체중계**	3 ㉓ **치약**
よく そう 浴槽	たいじゅうけい 体重計	は みが 歯磨き

4 ㉔ **칫솔**	5 ㉕ **화장지**	6 ㉖ **치실**
は 歯ブラシ	がみ ちり紙	フロス

관련단어

이를 닦다	は みが 歯を磨く	하오 미가쿠
헹구다	すす 濯ぐ	스스구
씻어내다	あら あ 洗い上げる	아라이아게루
말리다	かわ 乾かす	카와카스
면도를 하다	そ 剃りをいれる	소리오이레루
머리를 빗다	かみ 髪を かく	카미오 카쿠
샤워를 하다	シャワーを する	샤와-오 스루
변기에 물을 내리다	べん き みず なが 便器に 水を 流します	벤키니 미즈오 나가시마스
머리를 감다	かみ あら 髪を 洗う	카미오 아라우
목욕하다	ふ ろ はい お風呂に 入る	오후로이 하이루

Chapter 07 주거 관련

1 よくそう
浴槽 [요쿠소-] **욕조**
2 たいじゅうけい
体重計 [타이쥬케이] **체중계**
3 は みが
歯磨き [하미가키] **치약**

4 は
歯ブラシ [하부라시] **칫솔**
5 がみ
ちり紙 [치리가미] **화장지**
6 フロス [후로스] **치실**

Chapter

08 음식

Unit 01 과일

1 렌우
レンブ

2 용안
リュウガン

3 여지
レイシ

4 망고
マンゴー

5 비파
ビワ

6 망고스틴
マンゴスチン

7 산사
<ruby>山楂子<rt>さんざし</rt></ruby>

8 양매
ヤマモモ

9 양다래
キーウィフルーツ

10 유자
<ruby>柚子<rt>ゆず</rt></ruby>

11 하미과
ハミウリ

12 홍마오단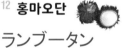
ランブータン

1 レンブ [렌부] 렌우

2 リュウガン [류-간] 용안

3 レイシ [레이시] 여지

4 マンゴー [망고-] 망고

5 ビワ [비와] 비파

6 マンゴスチン [망고스친] 망고스틴

7 <ruby>山楂子<rt>さんざし</rt></ruby> [산자시] 산사

8 ヤマモモ [야마모모] 양매

9 キーウィフルーツ [키-위후루-츠] 양다래

10 <ruby>柚子<rt>ゆず</rt></ruby> [유즈] 유자

11 ハミウリ [하미우리] 하미과

12 ランブータン [란부-탄] 홍마오단

1 **사과**
りん ご
林檎

2 **배**
なし
梨

3 **귤**
み かん
蜜柑

4 **수박**
すい か
西瓜

5 **포도**
ぶ どう
葡萄

6 **복숭아**
もも
桃

7 **멜론**
メロン

8 **앵두**
おう とう
桜桃

9 **오렌지**
オレンジ

10 **레몬**
レモン

11 **바나나**
バナナ

12 **자두**
すもも
李

13 **두리안**
ドリアン

14 **살구**
あんず
杏

15 **감**
かき
柿

16 **참외**
うり
瓜

17 **파인애플**
パイナップル

18 **키위**
キーウィ

1 りん ご
林檎 [링고] **사과**

2 なし
梨 [나시] **배**

3 み かん
蜜柑 [미캉] **귤**

4 すい か
西瓜 [스이카] **수박**

5 ぶ どう
葡萄 [부도-] **포도**

6 もも
桃 [모모] **복숭아**

7 メロン [메론] **멜론**

8 おう とう
桜桃 [오-도-] **앵두**

9 オレンジ [오렌지] **오렌지**

10 レモン [레몬] **레몬**

11 バナナ [바나나] **바나나**

12 すもも
李 [스모모] **자두**

13 ドリアン [도리안] **두리안**

14 あんず
杏 [안즈] **살구**

15 かき
柿 [카키] **감**

16 うり
瓜 [우리] **참외**

17 パイナップル [파이낫푸루] **파인애플**

18 キーウィ [키-위] **키위**

1 코코넛	2 사탕수수	3 구아바
ココナッツ	砂糖黍 さとうきび	グアバ

4 밤	5 대추	6 딸기
栗 くり	棗 なつめ	苺 いちご

7 건포도	8 체리	9 블루베리
干し葡萄 ほ ぶ どう	チェリー	ブルーベリー

10 라임	11 무화과	12 석류
ライム	無花果 い ち じく	ザクロ

관련대화

A : 무엇을 사시겠습니까?

何を 買いますか?
なに か

나니오 카이마스카

B : 렌우 한 근에 얼마예요?

レンブ 一斤 いくらですか?
いっきん

렌부 잇킹 이쿠라데스카

---

1 ココナッツ [코코낫츠] **코코넛**

2 砂糖黍 [사토우키비] **사탕수수**
　さ とう きび

3 グアバ [구아바] **구아바**

4 栗 [쿠리] **밤**
　くり

5 棗 [나츠메] **대추**
　なつめ

6 苺 [이치고] **딸기**
　いちご

7 干し葡萄 [호시부도우] **건포도**
　ほ ぶ どう

8 チェリー [체리-] **체리**

9 ブルーベリー [부루-베리-] **블루베리**

10 ライム [라이무] **라임**

11 無花果 [이치지쿠] **무화과**
　い ち じく

12 ザクロ [자쿠로] **석류**

A : 500엔입니다.
五百円です。
고햐쿠엔데스

B : 한 근 주세요.
一斤 下さい。
잇킹 쿠다사이

Unit 02 채소, 뿌리식물

1 **고수나물** パクチー	2 **공심채** ヨウサイ	3 **청경채** アブラナ
4 **호박** かぼちゃ	5 **당근** ニンジン	6 **피망** ピーマン
7 **버섯** きのこ	8 **감자** 芋 (いも)	9 **고추** 唐辛子 (とうがらし)
10 **토마토** トマト	11 **무** 大根 (だいこん)	12 **배추** 白菜 (はくさい)

1 パクチー [파쿠치-] **고수나물**
2 ヨウサイ [요우사이] **공심채**
3 アブラナ [아부라나] **청경채**
4 かぼちゃ [카보챠] **호박**
5 ニンジン [닝징] **당근**
6 ピーマン [피-망] **피망**

7 きのこ [키노코] **버섯**
8 芋 (いも) [이모] **감자**
9 唐辛子 (とうがらし) [토-가라시] **고추**
10 トマト [토마토] **토마토**
11 大根 (だいこん) [다이콘] **무**
12 白菜 (はくさい) [하쿠사이] **배추**

¹ **마늘** にんにく	² **우엉** ごぼう	³ **상추** サンチュ
⁴ **시금치** ほうれんそう	⁵ **양배추** キャベツ	⁶ **브로콜리** ブロッコリー
⁷ **양파** たまねぎ 玉葱	⁸ **단호박** カボチャ	⁹ **고구마** さつまいも
¹⁰ **오이** きゅうり 胡瓜	¹¹ **파** ねぎ 葱	¹² **콩나물** まめ 豆もやし
¹³ **생강** しょうが 生薑	¹⁴ **미나리** せり	¹⁵ **옥수수** とうもろこし
¹⁶ **가지** なす 茄子	¹⁷ **송이버섯** まつたけ 松茸	¹⁸ **죽순** たけこ 竹の子

1 にんにく [닌니쿠] **마늘**

2 ごぼう [고보-] **우엉**

3 サンチュ [산츄] **상추**

4 ほうれんそう [호-렌소-] **시금치**

5 キャベツ [캬베츠] **양배추**

6 ブロッコリー [부롯코리-] **브로콜리**

7 玉葱 [타마네기] **양파**

8 カボチャ [카보챠] **호박**

9 さつまいも [사츠마이모] **고구마**

10 胡瓜 [큐-리] **오이**

11 葱 [네기] **파**

12 豆もやし [마메모야시] **콩나물**

13 生薑 [쇼-가] **생강**

14 せり [세리] **미나리**

15 とうもろこし [토-모로코시] **옥수수**

16 茄子 [나스] **가지**

17 松茸 [마츠타케] **송이버섯**

18 竹の子 [타케노코] **죽순**

1 더덕
つるにんじん
蔓人参

2 도라지
ききょう
桔梗

3 깻잎
は
エゴマの葉

4 고사리
わらび
蕨

5 청양고추
から　とん がら し
辛い唐辛子

6 팽이버섯
たけ
えのき茸

7 올리브
オリーブ

8 쑥갓
きく な
菊菜

9 인삼
にんじん
人参

10 홍삼
ホンサム

🐷 **관련대화**

A : 고수나물 한 근에 얼마예요?

　いっきん
　コリアンダー 一斤 いくらですか?
　코리안타- 잇킹 이쿠라데스카

B : 100엔 입니다.

　ひゃくえん
　百円です。
　햐쿠엔데스

A : 싱싱한 것으로 한 근 주세요.

　しん せん　いっきん　くだ
　新鮮なものを 一斤 下さい。
　신센나모노오 잇킹 쿠다사이

つる にん じん
1 蔓人参 [츠루닌징] **더덕**

き きょう
2 桔梗 [키쿄-] **도라지**

3 エゴマの葉 [에고마노하] **깻잎**

わらび
4 蕨 [와라비] **고사리**

から　　とん がら し
5 辛い唐辛子 [카라이 톤가라시] **청양고추**

たけ
6 えのき茸 [에노키타케] **팽이버섯**

7 オリーブ [오리-부] **올리브**

きく な
8 菊菜 [키쿠나] **쑥갓**

にんじん
9 人参 [닌진] **인삼**

10 ホンサム [홍사무] **홍삼**

1 오징어
いか
烏賊

2 송어
マス

3 우럭
むらそい

4 가물치
らいぎょ
雷魚

5 고등어
さば
鯖

6 참조기
シログチ

7 메기
ナマズ

8 복어
ふぐ
河豚

9 새우
えび
蝦

10 대구
たら
鱈

11 연어
しろざけ
白鮭

12 전복
あわび
鮑

13 가리비 조개
ほたてがい
帆立貝

14 갈치
たちうお
太刀魚

15 게
かに
蟹

16 잉어
りぎょ
鯉魚

17 붕어
ふな
鮒

18 문어
たこ
章魚

---

1 烏賊 [이카] **오징어**

2 マス [마스] **송어**

3 むらそい [무라소이] **우럭**

4 雷魚 [라이교] **가물치**

5 鯖 [사바] **고등어**

6 シログチ [츠로구치] **참조기**

7 ナマズ [나마즈] **메기**

8 河豚 [후구] **복어**

9 蝦 [에비] **새우**

10 鱈 [타라] **대구**

11 白鮭 [시로자케] **연어**

12 鮑 [아와비] **전복**

13 帆立貝 [호타테가이] **가리비 조개**

14 太刀魚 [타치우오] **갈치**

15 蟹 [카니] **게**

16 鯉魚 [리교] **잉어**

17 鮒 [후나] **붕어**

18 章魚 [타코] **문어**

1 가재
ざりがに
蝲蛄

2 민어
ニベ

3 멍게
ホヤ

4 성게
ウニ

5 방어
ぶり
鰤

6 해삼
な まこ
海鼠

7 명태
すけ そう だら
助宗鱈

8 삼치
さわら
鰆

9 미더덕
エボヤ

10 굴
せっ か
石花

11 광어
ヒラメ

12 고래
くじら
鯨

13 북어
ほ めん 太
干し明太

14 미역
わか め
若布

15 김
の り
海苔

🐟 관련대화

A : 고래고기 먹어본 적 있어요?

　げい にく　た
　鯨肉 食べたことが ありますか?
　게이니쿠 타베타코토가 아리마스카

B : 그럼요. 고래고기는 정말 맛있어요.

　もちろんです。鯨肉は 本当に 美味しいです。
　げい にく　　　　ほん とう　　　お い
　모치론데스. 게이니쿠와 혼토-니 오이시이데스

---

1 蝲蛄 [자리가니] **가재**
　ざり がに

2 ニベ [니베] **민어**

3 ホヤ [호야] **멍게**

4 ウニ [우니] **성게**

5 鰤 [부리] **방어**
　ぶり

6 海鼠 [나마코] **해삼**
　な まこ

7 助宗鱈 [스케소-다라] **명태**
　すけ そう だら

8 鰆 [사와라] **삼치**
　さわら

9 エボヤ [에보야] **미더덕**

10 石花 [셋카] **굴**
　せっ か

11 ヒラメ [히라메] **광어**

12 鯨 [쿠지라] **고래**
　くじら

13 干し明太 [호시멘타이]
　ほ　めん 太
　북어

14 若布 [와카메] **미역**
　わか め

15 海苔 [노리] **김**
　の り

1 **소고기**
ぎゅうにく
牛肉

2 **돼지고기**
ぶたにく
豚肉

3 **닭고기**
とりにく
鶏肉

4 **칠면조**
しちめんちょう
七面鳥

5 **베이컨**
ベーコン

6 **햄**
ハム

7 **소시지**
ソーセージ

8 **육포**
ほにく
干し肉

9 **양고기**
ようにく
羊肉

10 **달걀**
たまご
卵

🐷 관련대화

A : 이 음식의 무엇입니까?
たもの なん
この 食べ物は 何ですか?
코노 타베모노와 난데스카

B : 소고기로 만든 볶음요리예요.
ぎゅうにく つくっ いた もの
牛肉で 作た 炒め物です。
규-니쿠데 츠쿳타 이타메모노데스

1 ぎゅうにく
牛肉 [규-니쿠] **소고기**

2 ぶたにく
豚肉 [부타니쿠] **돼지고기**

3 とりにく
鶏肉 [도리니쿠] **닭고기**

4 しちめんちょう
七面鳥 [시치멘쵸-] **칠면조**

5 ベーコン [베-콘] **베이컨**

6 ハム [하무] **햄**

7 ソーセージ [소-세-지] **소시지**

8 ほにく
干し肉 [호시니쿠] **육포**

9 ようにく
羊肉 [요-니쿠] **양고기**

10 たまご
卵 [타마고] **달걀**

Unit 05 음료수

¹ **콜라**
コーラ

² **사이다**
サイダー

³ **커피**
コーヒー

⁴ **핫초코**
ホット
チョコレート

⁵ **식혜**
シッケ

⁶ **녹차**
緑茶

⁷ **우롱차**
ウーロン茶

⁸ **밀크티**
ミルクティー

⁹ **밀크버블티**
ミルク
バブルティー

¹⁰ **우유**
牛乳

¹¹ **두유**
豆乳

¹² **생수**
ミネラルウ
オーター

¹³ **오렌지쥬스**
オレンジジ
ュース

¹⁴ **레모네이드**
レモネード

¹⁵ **요구르트**
ヤクルト

---

¹ コーラ [코라] **콜라**

² サイダー [사이다-] **사이다**

³ コーヒー [코-히-] **커피**

⁴ ホットチョコレート [홋토쵸코레-토]
핫초코

⁵ シッケ [식케] **식혜**

⁶ 緑茶 [료쿠챠] **녹차**

⁷ ウーロン茶 [우-롱챠] **우롱차**

⁸ ミルクティー [미루쿠티-] **밀크티**

⁹ ミルクバブルティー [미루쿠바부루
티-] **밀크버블티**

¹⁰ 牛乳 [규-뉴-] **우유**

¹¹ 豆乳 [토-뉴-] **두유**

¹² ミネラルウォーター [미네라루워-타-]
생수

¹³ オレンジジュース [오렌지쥬-스] **오렌
지쥬스**

¹⁴ レモネード [레모네-도] **레모네이드**

¹⁵ ヤクルト [야쿠루토] **요구르트**

Chapter 08
음식

A : 무엇을 드시겠습니까?

何を 召し上りますか?

나니오 메시아가리마스카

B : 커피 네 잔 주세요.

コーヒー 四杯 下さい。

코-히- 욘하이 쿠다사이

A : 어떤 커피로 하시겠습니까?

どんな コーヒーに しますか?

돈나 코-히-니 시마스카

B : 어떤 종류가 있나요?

どんな 種類が ありますか?

돈나 슈루이가 아리마스카

A: 블랙커피와 카푸치노 커피가 있습니다.

ブラックコーヒーと カプチーノが あります。

브락쿠코-히-또 카푸치-노가 아리마스

B : 4잔 모두 블랙커피로 주세요.

四杯 全部ブラックコーヒーで下さい。

욘하이 젠부 브락쿠코-히-데 쿠다사이

1 **치즈**

チーズ

2 **요거트**

ヨーグルト

3 **아이스크림**

アイスクリーム

4 **분유**

こな
粉ミルク

5 **버터**

バター

6 **참치**

かん
ツナ缶

7 **식용유**

しょくよう ゆ
食用油

8 **간장**

しょう ゆ
醤油

9 **소금**

しお
塩

10 **설탕**

さ とう
砂糖

11 **식초**

す
酢

12 **참기름**

あぶら
ごま油

---

1 チーズ [치-즈] **치즈**

2 ヨーグルト [요-구루토] **요거트**

3 アイスクリーム [아이스쿠리-무] **아이스 크림**

4 粉ミルク [코나미루쿠] **분유**
こな

5 バター [바타-] **버터**

6 ツナ缶 [츠나칸] **참치**
かん

7 食用油 [쇼쿠요-유] **식용유**
しょくよう ゆ

8 醤油 [쇼-유] **간장**
しょう ゆ

9 塩 [시오] **소금**
しお

10 砂糖 [사토우] **설탕**
さ とう

11 酢 [스] **식초**
す

12 ごま油 [고마아부라] **참기름**
あぶら

1 **후추** こ しょう 胡椒	2 **와사비** わ び 山葵
3 **된장** み そ 味噌	4 **가츠오부시** ぶし かつお節

😻 관련대화

A : 이 음식 식초를 많이 넣어서 새콤해서 맛있어요.

　この 食べ物は 酢を たくさん 入れたので、少し酸っぱ
　くて美味しいです。

　코노 타베모노와 스오 타쿠상 이레타노데, 스코시숫바쿠테 오이시이데스

B : 제가 새콤한 맛을 좋아해서요. 맛있게 먹어줘서 고마워요.

　私が 少し酸っぱい 味を 好きなんです、美味しく食べ
　てくれてありがとうございます。

　와타시가 스코시숫바이 아지오 스키난데스, 오이시쿠 타베테쿠레테 아리가토우고자
　이마스

---

1 胡椒 [코쇼-] **후추**　　　　　3 味噌 [미소] **된장**

2 山葵 [와사비] **와사비**　　　4 かつお節 [가츠오부시] **가츠오부시**

한국요리

1 라면
ラーメン

2 냉면
^{れいめん}冷麺

3 삼계탕
サムゲタン

4 된장찌개
テンジャンチゲ

5 청국장찌개
チョングクチャンチゲ

6 순두부찌개
スンドゥブチゲ

7 부대찌개
プデチゲ

8 갈비탕
カルビタン

9 감자탕
カムジャタン

10 설렁탕
ソルロンタン

11 비빔밥
ビビンバ

12 돌솥비빔밥
^{いし や}石焼きビビンバ

13 떡볶이
トッポッキ

---

1 ラーメン [라-멘] **라면**

2 ^{れいめん}冷麺 [레이멘] **냉면**

3 サムゲタン [사무게탕] **삼계탕**

4 テンジャンチゲ [텐쟝치게] **된장찌개**

5 チョングクチャンチゲ [촌구쿠챤치게] **청국장찌개**

6 スンドゥブチゲ [순두부치게] **순두부찌개**

7 プデチゲ [푸데치게] **부대찌개**

8 カルビタン [카루비탕] **갈비탕**

9 カムジャタン [카무쟈탕] **감자탕**

10 ソルロンタン [소루론탕] **설렁탕**

11 ビビンバ [비빈바] **비빔밥**

12 ^{いし や}石焼きビビンバ [이시야키비빈바] **돌솥비빔밥**

13 トッポッキ [톳폿키] **떡볶이**

1 **순대**
スンデ

2 **오뎅**
くし<ruby>刺<rt>さ</rt></ruby>しおでん

3 **찐빵**
あんまん

4 **팥빙수**
かき<ruby>氷<rt>こおり</rt></ruby>

5 **떡**
<ruby>餅<rt>もち</rt></ruby>

6 **해물파전**
<ruby>海鮮<rt>かいせん</rt></ruby>チジミ

7 **김밥**
キンパプ

8 **간장게장**
カンジャンケジャン

9 **김치**
キムチ

10 **삼겹살**
サムギョプサル

11 **족발**
ジョクパル

일본요리

12 **회**
<ruby>刺身<rt>さしみ</rt></ruby>

13 **생선초밥**
<ruby>寿司<rt>すし</rt></ruby>

14 **다코야키**
たこ<ruby>焼<rt>や</rt></ruby>き

---

1 スンデ [슨데] **순대**

2 くし<ruby>刺<rt>さ</rt></ruby>しおでん [쿠시자시오뎅] **오뎅**

3 あんまん [안만] **찐빵**

4 かき<ruby>氷<rt>こおり</rt></ruby> [카키코오리] **팥빙수**

5 <ruby>餅<rt>もち</rt></ruby> [모치] **떡**

6 <ruby>海鮮<rt>かいせん</rt></ruby>チジミ [카이센치지미] **해물파전**

7 キンパプ [킨파푸] **김밥**

8 カンジャンケジャン [칸잔케장] **간장게장**

9 キムチ [키무치] **김치**

10 サムギョプサル [사무교푸사루] **삼겹살**

11 ジョクパル [조쿠파루] **족발**

12 <ruby>刺身<rt>さしみ</rt></ruby> [사시미] **회**

13 <ruby>寿司<rt>すし</rt></ruby> [스시] **생선초밥**

14 たこ<ruby>焼<rt>や</rt></ruby>き [타코야키] **다코야키**

1 오코노미야키
<ruby>お<rt>この</rt></ruby>好<ruby>み<rt></rt></ruby><ruby>焼<rt>や</rt></ruby>き

2 우동
うどん

3 메밀소바
<ruby>蕎麦<rt>そば</rt></ruby>

4 돈코츠라멘
<ruby>豚骨<rt>とんこつ</rt></ruby>ラーメン

5 돈부리
<ruby>丼<rt>どん</rt></ruby>ぶり

6 야키소바
<ruby>焼<rt>や</rt></ruby>きそば

7 규동
<ruby>牛丼<rt>ぎゅうどん</rt></ruby>

8 낫또
<ruby>納豆<rt>なっとう</rt></ruby>

9 미소된장
<ruby>味噌汁<rt>みそしる</rt></ruby>

10 스이모노
<ruby>吸<rt>す</rt></ruby>い<ruby>物<rt>もの</rt></ruby>

11 스키야키
すき<ruby>焼<rt>や</rt></ruby>き

12 우메보시
<ruby>梅干<rt>うめぼ</rt></ruby>し

13 오니기리
<ruby>御握<rt>おにぎ</rt></ruby>り

14 나가사키짬뽕
<ruby>長崎<rt>ながさき</rt></ruby>ちゃんぽん

---

1 お<ruby>好<rt>この</rt></ruby>み<ruby>焼<rt>や</rt></ruby>き [오코노미야키] **오코노미야키**

2 うどん [우동] **우동**

3 <ruby>蕎麦<rt>そば</rt></ruby> [소바] **메밀소바**

4 <ruby>豚骨<rt>とんこつ</rt></ruby>ラーメン [톤고츠라멘] **돈코츠라멘**

5 <ruby>丼<rt>どん</rt></ruby>ぶり [돈부리] **돈부리**

6 <ruby>焼<rt>や</rt></ruby>きそば [야키소바] **야키소바**

7 <ruby>牛丼<rt>ぎゅうどん</rt></ruby> [규-동] **규동**

8 <ruby>納豆<rt>なっとう</rt></ruby> [낫토-] **낫또**

9 <ruby>味噌汁<rt>みそしる</rt></ruby> [미소시루] **미소된장**

10 <ruby>吸<rt>す</rt></ruby>い<ruby>物<rt>もの</rt></ruby> [스이모노] **스이모노**

11 すき<ruby>焼<rt>や</rt></ruby>き [스키야키] **스키야키**

12 <ruby>梅干<rt>うめぼ</rt></ruby>し [우메보시] **우메보시**

13 <ruby>御握<rt>おにぎ</rt></ruby>り [오니기리] **오니기리**

14 <ruby>長崎<rt>ながさき</rt></ruby>ちゃんぽん [나가사키찬퐁] **나가사키짬뽕**

1 카레
カレー

2 튀김
天麩羅

3 가쯔동
カツ丼

4 가이세키(일본의 코스요리)
懐石

5 오세치(정월에 먹는 음식)
お節

6 아지타마고
半熟卵

7 돈까스
豚カツ

8 아게모노
揚げ物

기타

9 햄버거
ハンバーガー

10 피자
ピザ

11 샌드위치
サンドイッチ

12 스테이크
ステーキ

13 와플
ワッフル

---

1 カレー [카레-] **카레**
2 天麩羅 [텐푸라] **튀김**
3 カツ丼 [카츠동] **가쯔동**
4 懐石 [카이세키] **가이세키**
5 お節 [오세치] **오세치**
6 半熟卵 [한쥬큐타마고] **아지타마고**
7 豚カツ [톤카츠] **돈까스**

8 揚げ物 [아게모노] **아게모노**
9 ハンバーガー [한바-가-] **햄버거**
10 ピザ [피자] **피자**
11 サンドイッチ [산도위치] **샌드위치**
12 ステーキ [스테-키] **스테이크**
13 ワッフル [왓후루] **와플**

A : 무엇을 주문하시겠어요?
何に しますか?
나니니 시마스카

B : 오코노미야끼 주세요.
お好み焼き 下さい。
오코노미야키 쿠다사이

Unit 08 요리방식

1 데치다	2 굽다	3 튀기다
茹でる	焼く	揚げる

4 탕/찌개	5 찌다	6 무치다
鍋	蒸す	和える

7 볶다	8 훈제	9 끓이다
炒める	薫製	沸かす

1 茹でる [유데루] 데치다
2 焼く [야쿠] 굽다
3 揚げる [아게루] 튀기다
4 鍋 [나베] 탕 / 찌개
5 蒸す [무스] 찌다

6 和える [아에루] 무치다
7 炒める [이타메루] 볶다
8 薫製 [쿤세이] 훈제
9 沸かす [와카스] 끓이다

1 삶다
ゆ
茹でる

2 섞다
ま
交ぜる

3 휘젓다
まわ
回す

4 밀다
の
伸ばす

5 얇게 썰다
うす　　き
薄めに切る

6 손질하다
したごしら
下拵え

7 반죽하다
こ
捏ねる

관련대화

A : 생선초밥 좋아하세요?
　　すし　　す
　　寿司は 好きですか?
　　스시와 스키데스카

B : 네 좋아합니다.
　　　　　　す
　　はい、好きです。
　　하이, 스키데스

A : 그럼 오늘 생선초밥 먹으러 갈래요?
　　　　きょう　すし　　た　　い
　　では、今日 寿司を 食べに 行きましょうか?
　　데와, 쿄우 스시오 타베니 이키마쇼우카

1　茹でる [유데루] 삶다
2　交ぜる [마제루] 섞다
3　回す [마와스] 휘젓다
4　伸ばす [노바스] 밀다

5　薄めに切る [우스메니키루] 얇게 썰다
6　下拵え [시타고시라에] 손질하다
7　捏ねる [코네루] 반죽하다

B : 좋지요.

いいですね。
이이데스네

A : 오늘은 제가 한턱 낼게요.

今日は 私が おごります。
쿄우와 와타시가 오고리마스

B : 감사합니다.

ありがとう 御座います。
아리가토우 고자이마스

Unit 09 패스트푸드점

1 **롯데리아**
ロッテリア

2 **맥도날드**
マクドナルド

3 **파파이스**
ポパイズ

4 **KFC**
ケンタッキー

5 **피자헛**
ピザハット

6 **버거킹**
バーガーキング

7 **서브웨이**
サブウェー

1 ロッテリア [롯테리아] **롯데리아**
2 マクドナルド [마쿠도나르도] **맥도날드**
3 ポパイズ [포파이즈] **파파이스**
4 ケンタッキー [켄탓키-] **KFC**

5 ピザハット [피자핫토] **피자헛**
6 バーガーキング [바-가-킨구] **버거킹**
7 サブウェー [사부웨-] **서브웨이**

A : 오늘은 롯데리아 가서 밥 먹을까요?

今日は ロッテリアに 行って、ご飯を 食べましょうか?

쿄우와 롯테리아니 잇테, 고항오 타베마쇼우카

B : 좋아요.

いいです。

이이데스

Unit 10 주류

¹ **이모쇼츄**
いもしょうちゅう
芋焼酎

² **무기쇼츄**
むぎしょうちゅう
麦焼酎

³ **호로요이**
ほろよい

⁴ **마루**
まる

⁵ **아사히 맥주**
あさ ひ
朝日ビール

⁶ **쥰마이다이긴죠**
じゅんまいだいぎんじょう
純米大吟醸

⁷ **쥰마이**
じゅんまい
純米

⁸ **죠센**
じょうせん
上撰

⁹ **죠센 다루사케**
じょうせんたるざけ
上撰樽酒

1 芋焼酎 [이모쇼-츄-] **이모쇼츄**
いもしょうちゅう

2 麦焼酎 [무기쇼-츄-] **무기쇼츄**
むぎしょうちゅう

3 ほろよい [호로요이] **호로요이**

4 まる [마루] **마루**

5 朝日ビール [아사히비-루] **아사히 맥주**
あさ ひ

6 純米大吟醸 [쥰마이다이긴죠-] **쥰마이
다이긴죠**
じゅんまい だいぎんじょう

7 純米 [쥰마이] **쥰마이**
じゅんまい

8 上撰 [죠-센] **죠센**
じょうせん

9 上撰樽酒 [죠-센다루사케] **죠센 다루사
케**
じょうせんたるざけ

1 간바래오도짱

がんばれお父^とちゃん

2 히카리마사무네

光^{ひかり}正^{まさ}宗^{むね}

3 교노이즈미

京^{きょう}の泉^{いずみ}

4 나마쬬조슈

生^{なま}貯^{ちょ}蔵^{ぞう}

5 쿠보타만쥬

久^く保^ぼ田^た萬^{まん}寿^{じゅ}

6 유자술

柚^{ゆず}酒^{ざけ}

7 위스키

ウィスキー

8 보드카

ヴォッカ

9 레드와인

レッドワイン

10 화이트와인

白^{しろ}ワイン

11 막걸리

マッコルリ

12 동동주

トンドンジュ

13 백하주

ベカジュ

14 과실주

果^か実^{じつ}酒^{しゅ}

---

1 がんばれお父^とちゃん [간바레오토짱]
  간바래오도짱

2 光^{ひかり}正^{まさ}宗^{むね} [히카리마사무네] **히카리마사무네**

3 京^{きょう}の泉^{いずみ} [쿄-노이즈미] **교노이즈미**

4 生^{なま}貯^{ちょ}蔵^{ぞう} [나마쵸조-] **나마쬬조슈**

5 久^く保^ぼ田^た萬^{まん}寿^{じゅ} [쿠보타만쥬] **쿠보타만쥬**

6 柚^{ゆず}酒^{ざけ} [유즈자케] **유자술**

7 ウィスキー [위스키-] **위스키**

8 ヴォッカ [봇카] **보드카**

9 レッドワイン [렛토와인] **레드와인**

10 白^{しろ}ワイン [시로와인] **화이트와인**

11 マッコルリ [맛코루리] **막걸리**

12 トンドンジュ [톤돈쥬] **동동주**

13 ベカジュ [베카쥬] **백하주**

14 果^か実^{じつ}酒^{しゅ} [칸지츠슈] **과실주**

¹ **복분자술**
くつがえぼん し しゅ
覆盆子酒

² **매실주**
うめ しゅ
梅酒

³ **청주**
せいしゅ
清酒

⁴ **칵테일**
カクテル

💞 **관련대화**

A : 건배!
かんぱい
乾杯！
칸파이

B : 이 술은 몇 도인가요?
さけ なん ど
この酒は 何度ですか?
코노사케와 난도데스카

A : 25도 정도예요.
に じゅう ご ど ほど
二十五度程です。
니쥬-고도호도데스

B : 딱 좋네요.

ちょうどいいですね。
쵸-도이이데스네

---

¹ くつがえぼん し しゅ
覆盆子酒 [쿠츠가에본시슈] **복분자술**

² うめ しゅ
梅酒 [우메슈] **매실주**

³ せい しゅ
清酒 [세이슈] **청주**

⁴ カクテル [카쿠테루] **칵테일**

와쇼쿠(일본음식 전체를 지칭하는 말)	和食 <small>わしょく</small>	와쇼쿠
과음	深酒 <small>ふかざけ</small>	후카자케
숙취해소제	宿酔解消剤 <small>しゅくすいかいしょうざい</small>	슈큐스이카이쇼우자이
알콜중독	アルコホリック	아루코호릭쿠
술친구	飲み友達 <small>のともだち</small>	노미토모다치
미즈와리(술에 물을타서 마시기 좋게 한 것)	水割り <small>みずわ</small>	미즈와리
오유와리(술에 따뜻한 물을 넣어 마시는 것)	お湯割り <small>ゆわ</small>	요유와리
포장마차	屋台 <small>やたい</small>	야타이

Unit 11 맛 표현

1 맛있어요
美味しいです <small>おい</small>

2 맛없어요
不味いです <small>まず</small>

3 싱거워요
薄いです <small>うす</small>

4 뜨거워요
熱いです <small>あつ</small>

5 달아요
甘いです <small>あま</small>

6 짜요
塩からいです <small>しお</small>

1 美味しいです [오이시이데스] **맛있어요**
2 不味いです [마즈이데스] **맛없어요**
3 薄いです [우스이데스] **싱거워요**
4 熱いです [아츠이데스] **뜨거워요**
5 甘いです [아마이데스] **달아요**
6 塩からいです [시오카라이데스] **짜요**

¹ 매워요
から
辛いです

² 얼큰해요
ぴりぴりします

³ 시어요
す
酸っぱいです

⁴ 써요
にが
苦いです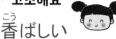

⁵ 떫어요
しぶ
渋いです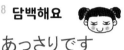

⁶ 느끼해요
あぶらっこいです

⁷ 고소해요
こう
香ばしい

⁸ 담백해요
あっさりです

⁹ 시원해요
すっきりします

¹⁰ 비려요
なまぐさ
生臭いです

¹¹ 소화가 안돼요
しょう か　　わる
消化に悪いです

A : 맛이 어때요?
あじ
味は どうですか?
아지와 도우데스카

B : 이 음식 맛있어요.
りょう り　　　　お い
この料理は 美味しいです。
코노료-리와 오이시이데스

1 辛いです [카라이데스] **매워요**

2 ぴりぴりします [피리피리시마스] **얼큰해요**

3 酸っぱいです [슷파이데스] **시어요**

4 苦いです [니가이데스] **써요**

5 渋いです [시부이데스] **떫어요**

6 あぶらっこいです [아부랏코이데스] **느끼해요**

7 香ばしい [고우바시이] **고소해요**

8 あっさりです [앗사리데스] **담백해요**

9 すっきりします [슷키리시마스] **시원해요**

10 生臭いです [나마구사이데스] **비려요**

11 消化に悪いです [쇼-카니와루이데스] **소화가 안돼요**

씹다	噛む (しが)	시가무
영양분을 공급하다	栄養となる (えいよう)	에이요우토나루
과식하다	食べ過ぎる (た す)	타베스키루
먹이다	食わす (く)	쿠와스
삼키다	飲み込む (の こ)	노미코무
조리법	調理方法 (ちょう り ほうほう)	쵸-리호-호-
날것	生物 (なまもの)	나마모노
썩다 ↔ fresh	腐る (くさ)	쿠사루
칼슘	カルシウム	카루스-무
단백질	蛋白質 (たんぱくしつ)	탄파쿠시즈
비타민	ビタミン	비타민
지방질	脂肪質 (し ぼうしつ)	시보우시츠
탄수화물	炭水化物 (たんすい か ぶつ)	탄스이카부츠
식욕	食欲 (しょくよく)	쇼쿠요쿠
무기질	無機質 (む き しつ)	무키시츠
에스트로겐	エストロゲン	에스토로겐
아미노산	アミノ酸 (さん)	아미노상
체지방	体脂肪 (たい し ぼう)	타이시보-
피하지방	皮下脂肪 (ひ か し ぼう)	히카시보-
열량(칼로리)	熱量 / カロリー (ねつりょう)	네츠료-/ 카로리-
영양소	栄養素 (えいよう そ)	에이요-소
포화지방	飽和脂肪 (ほう わ し ぼう)	호우와시보-
포도당	葡萄糖 (ぶ どうとう)	후도-토-
납	鉛 (なまり)	나마리

Chapter

09 쇼핑

Unit 01 쇼핑물건

의류

1 정장

せい そう
正装

2 청바지
ジーパン

3 티셔츠

ティーシャツ

4 원피스

ワンピース

5 반바지
はん
半ズボン

6 치마

スカート

7 조끼

ベスト

8 셔츠

シャツ

9 와이셔츠

ワイシャツ

10 재킷

ジャケット

11 운동복

うん どう ぎ
運動着

12 오리털잠바

ダウンパーカー

---

1 正装 [세이소-] **정장**

2 ジーパン [즈-팡] **청바지**

3 ティーシャツ [티-샤츠] **티셔츠**

4 ワンピース [완피-스] **원피스**

5 半ズボン [한즈본] **반바지**

6 スカート [스카-토] **치마**

7 ベスト [베스토] **조끼**

8 シャツ [샤츠] **셔츠**

9 ワイシャツ [와이샤츠] **와이셔츠**

10 ジャケット [쟈켓토] **재킷**

11 運動着 [운도-키] **운동복**

12 ダウンパーカー [다운파-카] **오리털잠바**

1 스웨터
セーター

2 우의
あまぐ
雨具

3 내복
はだ ぎ
肌着

4 속옷
した ぎ
下着

5 팬티
パンツ

6 교복
せい ふく
制服

7 레이스
レース

8 단추
ボタン

9 바지
ズボン

10 버클
バックル

11 브래지어
ブラジャー

12 블라우스
ブラウス

13 소매
そでぐち
袖口

14 외투
オーバーコート

15 지퍼
チャック

16 잠옷
パジャマ

17 한복
ハンボク

18 기모노
き もの
着物

1 セーター [세-타-] 스웨터
2 雨具 [아마구] 우의
3 肌着 [하다기] 내복
4 下着 [시타기] 속옷
5 パンツ [판츠] 팬티
6 制服 [세이후쿠] 교복
7 レース [레-스] 레이스
8 ボタン [보탄] 단추
9 ズボン [즈본] 바지
10 バックル [박크루] 버클
11 ブラジャー [부라쟈-] 브래지어
12 ブラウス [부라우스] 블라우스
13 袖口 [소데구치] 소매
14 オーバーコート [오-바-코-토] 외투
15 チャック [챳쿠] 지퍼
16 パジャマ [파쟈마] 잠옷
17 ハンボク [한보쿠] 한복
18 着物 [키모노] 기모노

A : 청바지는 어디에서 파나요?

ジーパンは どこで 売っていますか?

즈-팡와 도코테 웃테이마스카

B : 2층에서 팝니다.

二階で 売っています。

니카이데 웃테이마스

신발, 양말

1 **신발**

スニーカー

2 **운동화**

運動靴

3 **구두**

靴

4 **부츠**

ブーツ

5 **슬리퍼**

スリッパ

6 **조리**

草履

7 **장화**

長靴

8 **양말**

靴下

9 **스타킹**

ストッキング

10 **샌들**

サンダル

---

1 スニーカー [스니-카] **신발**

2 運動靴 [운도-구츠] **운동화**

3 靴 [구츠] **구두**

4 ブーツ [부-츠] **부츠**

5 スリッパ [스릿파] **슬리퍼**

6 草履 [조-리] **조리**

7 長靴 [나가구츠] **장화**

8 靴下 [쿠츠시타] **양말**

9 ストッキング [스톳킨구] **스타킹**

10 サンダル [산다루] **샌들**

기타 액세서리

1 **모자**

ぼうし
帽子

2 **가방**

かばん
鞄

3 **머리끈**

ヘアバンド

4 **귀걸이**

イヤリング

5 **반지**

ゆび わ
指輪

6 **안경**

め がね
眼鏡

7 **선글라스**
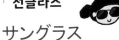
サングラス

8 **지갑**

さい ふ
財布

9 **목도리**

マフラー

10 **스카프**

スカーフ

11 **손목시계**

うで ど けい
腕時計

12 **팔찌**

うで わ
腕輪

13 **넥타이**

ネクタイ

14 **벨트**

ベルト

15 **장갑**

て ぶくろ
手袋

---

1 ぼうし
帽子 [보-시] **모자**

2 かばん
鞄 [카방] **가방**

3 ヘアバンド [헤아반도] **머리끈**

4 イヤリング [이야린구] **귀걸이**

5 ゆび わ
指輪 [유비와] **반지**

6 め がね
眼鏡 [메가네] **안경**

7 サングラス [산구라스] **선글라스**

8 さい ふ
財布 [사이후] **지갑**

9 マフラー [마후라-] **목도리**

10 スカーフ [스카-후] **스카프**

11 うで ど けい
腕時計 [우데도케이] **손목시계**

12 うで わ
腕輪 [우데와] **팔찌**

13 ネクタイ [네쿠타이] **넥타이**

14 ベルト [베루토] **벨트**

15 て ぶくろ
手袋 [데부쿠로] **장갑**

1 양산
<ruby>日<rt>ひ</rt></ruby><ruby>傘<rt>がさ</rt></ruby>

2 목걸이
ネックレス
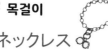

3 손수건
ハンカチーフ

4 브로치
ブローチ

5 머리핀
ヘアピン

기타용품

6 비누
<ruby>石鹸<rt>せっけん</rt></ruby>

7 물티슈
ウェットティッシュ

8 생리대
<ruby>生<rt>せい</rt></ruby><ruby>理<rt>り</rt></ruby><ruby>帯<rt>たい</rt></ruby>

9 기저귀
<ruby>御<rt>お</rt></ruby><ruby>襁<rt>む</rt></ruby><ruby>褓<rt>つ</rt></ruby>

10 우산
<ruby>傘<rt>かさ</rt></ruby>

11 담배
タバコ

12 라이터
ライター

13 건전지
<ruby>乾<rt>かん</rt></ruby><ruby>電<rt>でん</rt></ruby><ruby>池<rt>ち</rt></ruby>

14 쇼핑백
<ruby>買<rt>か</rt></ruby>い<ruby>物<rt>もの</rt></ruby><ruby>袋<rt>ふくろ</rt></ruby>

15 종이컵
<ruby>紙<rt>かみ</rt></ruby>コップ

16 컵라면
カップラーメン

---

1 <ruby>日<rt>ひ</rt></ruby><ruby>傘<rt>がさ</rt></ruby> [히가사] **양산**

2 ネックレス [넥쿠레스] **목걸이**

3 ハンカチーフ [항카치-후] **손수건**

4 ブローチ [부로-치] **브로치**

5 ヘアピン [헤아핀] **머리핀**

6 <ruby>石鹸<rt>せっけん</rt></ruby> [셋켄] **비누**

7 ウェットティッシュ [왓토팃슈] **물티슈**

8 <ruby>生<rt>せい</rt></ruby><ruby>理<rt>り</rt></ruby><ruby>帯<rt>たい</rt></ruby> [세이리타이] **생리대**

9 <ruby>御<rt>お</rt></ruby><ruby>襁<rt>む</rt></ruby><ruby>褓<rt>つ</rt></ruby> [오무츠] **기저귀**

10 <ruby>傘<rt>かさ</rt></ruby> [카사] **우산**

11 タバコ [타바코] **담배**

12 ライター [라이타-] **라이터**

13 <ruby>乾<rt>かん</rt></ruby><ruby>電<rt>でん</rt></ruby><ruby>池<rt>ち</rt></ruby> [칸뎅치] **건전지**

14 <ruby>買<rt>か</rt></ruby>い<ruby>物<rt>もの</rt></ruby><ruby>袋<rt>ふくろ</rt></ruby> [카이모노후쿠로] **쇼핑백**

15 <ruby>紙<rt>かみ</rt></ruby>コップ [카미콧푸] **종이컵**

16 カップラーメン [캇푸라-멘] **컵라면**

1 **모기약** さっちゅうざい 殺虫剤	2 **방취제** ぼうしゅうざい 防臭剤	3 **면도크림** シェービングフォーム
4 **면도날** かみ そり 剃刀	5 **스킨** スキン	6 **로션** ローション
7 **썬크림** ひ や どめ 日焼け止	8 **샴푸** シャンプー	9 **린스** リンス
10 **치약** は みが 歯磨き	11 **칫솔** 歯ブラシ	12 **손톱깎이** き つめ切り
13 **화장지** トイレットペーパー	14 **립스틱** リップスティック	15 **비비크림** BBクリーム
16 **파운데이션** ファンデーション	17 **빗** くし 櫛	18 **사탕** あめ 飴

1 さっちゅうざい
殺虫剤 [삿츄-자이] **모기약**

2 ぼうしゅうざい
防臭剤 [보-슈-자이] **방취제**

3 シェービングフォーム [세-핀구호-무]
면도크림

4 かみ そり
剃刀 [카미소리] **면도날**

5 スキン [스킨] **스킨**

6 ローション [로-숀] **로션**

7 ひ や どめ
日焼け止 [히야케도메] **썬크림**

8 シャンプー [샨푸-] **샴푸**

9 リンス [린스] **린스**

10 は みが
歯磨き [하미가키] **치약**

11 は
歯ブラシ [하부라시] **칫솔**

12 き
つめ切り [츠메키리] **손톱깍이**

13 トイレットペーパー [토이렛토페-파-]
화장지

14 リップスティック [릿푸스틱쿠] **립스틱**

15 BBクリーム [비비쿠리-무] **비비크림**

16 ファンデーション [환데-숀] **파운데이션**

17 くし
櫛 [쿠시] **빗**

18 あめ
飴 [아메] **사탕**

1 껌
ガム

2 초콜릿
チョコレート

3 아이셰도
アイシャドウ

4 매니큐어
マニキュア

5 향수
こう すい
香水

6 마스카라
マスカラ

7 파스
サロンパス

8 카메라
カメラ

9 붓
ふで
筆

10 책
ほん
本

11 거울
かがみ
鏡

12 핸드폰 케이스
けい たい でん わ
携帯電話ケース

13 옥
たま
玉

14 진주
しん じゅ
真珠

15 루비
ルビー

16 다이아몬드
ダイヤモンド

17 자수정
むらさきずいしょう
紫水晶

1 ガム [가무] **껌**

2 チョコレート [쵸코레-토] **초콜릿**

3 アイシャドウ [아이샤도우] **아이셰도**

4 マニキュア [마니큐아] **매니큐어**

5 こう すい
香水 [코-스이] **향수**

6 マスカラ [마스카라] **마스카라**

7 サロンパス [사론파스] **파스**

8 カメラ [카메라] **카메라**

9 ふで
筆 [후데] **붓**

10 ほん
本 [혼] **책**

11 かがみ
鏡 [카가미] **거울**

12 けい たい でん わ
携帯電話ケース [케이타이뎅와케-스]
핸드폰 케이스

13 たま
玉 [타마] **옥**

14 しん じゅ
真珠 [신쥬] **진주**

15 ルビー [루비-] **루비**

16 ダイヤモンド [다이야몬도] **다이아몬드**

17 むらさきずいしょう
紫水晶 [무라사키즈-쇼-] **자수정**

1 에메랄드

りょくぎょくせき
緑玉石/ エメラルド

2 사파이어

サファイア

3 가넷

ガーネット

4 아쿠아마린

アクアマリン

5 페리도트

ペリドート

6 오팔

オパール

7 토파즈

トパーズ

8 터키석

いし
トルコ石

9 금

きん
金

10 은

ぎん
銀

11 동

どう
銅

관련대화

A : 무엇을 도와드릴까요?
なに　　 て つだ
何か お手伝い しましょうか?
나니카 오테츠다이 시마쇼우카

B : 청바지를 사려고 합니다.
　　　　　　 か
ジーパンを 買いたいです。
즈-팡오 카이타이데스

---

1 りょくぎょくせき
　緑玉石/ エメラルド [료쿠교쿠세키 /
　에메라루도] 에메랄드

2 サファイア [사화이아] 사파이어

3 ガーネット [가-넷토] 가넷

4 アクアマリン [아쿠아마링] 아쿠아마린

5 ペリドート [페리도-토] 페리도트

6 オパール [오파-루] 오팔

7 トパーズ [토파-즈] 토파즈

8 トルコ石 [토루코이시] 터키석
　いし

9 きん
　金 [킨] 금

10 ぎん
　銀 [긴] 은

11 どう
　銅 [도우] 동

관련단어

짝퉁제품	<ruby>偽物<rt>にせもの</rt></ruby>	니세모노
바코드	バーコード	바-코-도
계산원	<ruby>レジ係<rt>がかり</rt></ruby>	레츠가카리
선물	プレゼント	푸레젠토
상표	<ruby>商標<rt>しょうひょう</rt></ruby>	쇼-효-
현금	<ruby>現金<rt>げんきん</rt></ruby>	겐킹
지폐	<ruby>紙幣<rt>しへい</rt></ruby>	시헤이
동전	<ruby>銅貨<rt>どうか</rt></ruby>	도우카
환불	<ruby>払戻し<rt>はらいもど</rt></ruby>	하라이 모도시

Unit 02 색상

| 1 빨간색
あかいろ
赤色 | 2 주황색
あらいろ
洗色 | 3 노란색
きいろ
黄色 |
| 4 초록색
みどりいろ
緑色 | 5 파란색
あおいろ
青色 | 6 남색
こんいろ
紺色 |

1 赤色 あかいろ [아카이로] 빨간색
2 洗色 あらいろ [아라이로] 주황색
3 黄色 きいろ [키이로] 노란색

4 緑色 みどりいろ [미도리이로] 초록색
5 青色 あおいろ [아오이로] 파란색
6 紺色 こんいろ [콘이로] 남색

¹ **보라색**
むらさきいろ
紫色

² **아이보리색**
いろ
アイボリー色

³ **황토색**
おう ど いろ
黄土色

⁴ **검은색**
くろ いろ
黒色

⁵ **회색**
はいいろ
灰色

⁶ **흰색**
しろ いろ
白色

⁷ **갈색**
ちゃ いろ
茶色

⁸ **분홍색**
いろ
ピンク色

💗 **관련대화**

A : 좋아하는 색깔이 뭐예요?

　　す　　 いろ　 なん
　　好きな 色は 何ですか?
　　스키나 이로와 난데스카

B : 파란색을 좋아해요. 파란색을 보면 바다와 하늘을 보는거 처럼 마음이 편
　　해져요.
　　あおいろ　　す　　　　　あおいろ　　み　　　　うみ　 そら　 み　　　　　　こころ
　　青色が 好きです。青色を 見ると、海と 空を 見る ように心
　　　　 らく
　　が 楽に なりますよ。
　　아오이로가 스키데스. 아오이로오 미루토, 우미토 소라오 미루요우니 코코로가 라
　　쿠니 나리마스요

A: 그래요? 저는 초록색을 보면 마음이 편해지더라구요.
　　　　　　　　　　わたし　　みどりいろ　　み　　　 き　　 らく
　　そうですか? 私は 緑色を 見ると 気が 楽になります。
　　소우데스카? 와타시와 미도리이로오 미루토 키가 라쿠니나리마스

---

¹　むらさき いろ
　　紫色 [무라사키이로] **보라색**

²　　　　　　　いろ
　　アイボリー色 [아이보리-이로] **아이보리**
　　색

³　おう ど　いろ
　　黄土色 [오-도이로] **황토색**

⁴　くろ いろ
　　黒色 [쿠로이로] **검은색**

⁵　はいいろ
　　灰色 [하이이로] **회색**

⁶　しろ いろ
　　白色 [시로이로] **흰색**

⁷　ちゃいろ
　　茶色 [챠이로] **갈색**

⁸　ピンク色 [핀쿠이로] **분홍색**

복장	服装 _{ふくそう}	후쿠소우
의상	衣装 _{い しょう}	이쇼우
직물	織物 _{おりもの}	오리모노
감촉	感触 _{かんしょく}	칸쇼쿠
모피	毛皮 _{け がわ}	케가와
단정한	端整な _{たんせい}	탄세이나
깔끔한	きれいな	키레이나
방수복	防水着 _{ぼうすい ぎ}	보우스이기
차려입다	着飾る _{きかざ}	키가자루
장식하다	飾る _{かざ}	카자루
사치스럽다	おごってる	오곳테루
어울리다	合う _あ	아우

Unit 03 구매 표현

1 이것
これ

2 저것(먼 것을 가리킬 때)
それ / あれ

3 더 화려한 것
もっと 派手な事 _{は で こと}

4 더 큰 것
もっと 大きな事 _{おお こと}

1 これ [코레] **이것**

2 それ / あれ [소레 / 아레] **저것(먼 것을 가르킬 때)**

3 もっと 派手な事 [못토 하데나 코토] **더 화려한 것**

4 もっと 大きな事 [못토 오-키나코토] **더 큰 것**

1 더 작은 것
もっと 小_{ちい}さな 事_{こと}

2 더 수수한 것
もっと 渋_{しぶ}い 事_{こと}

3 유행상품
流_{りゅう}行_{こう}商_{しょう}品_{ひん}

4 더 무거운 것
もっと 重_{おも}い 事_{こと}

5 더 가벼운 것
もっと 軽_{かる}い 事_{こと}

6 더 긴 것
もっと 長_{なが}い 事_{こと}

7 더 짧은 것
もっと 短_{みじか}い 事_{こと}

8 다른 종류
ほかの 種_{しゅ}類_{るい}

9 다른 디자인
ほかの デザイン

10 다른 색깔
ほかの 色_{いろ}

11 더 싼 것
もっと 安_{やす}い もの

12 더 비싼 것
もっと 高_{たか}い もの

1 もっと 小_{ちい}さな 事_{こと} [못토 츠이사나코토]
더 작은 것

2 もっと 渋_{しぶ}い 事_{こと} [못토 시부이 코토] 더 수수한 것

3 流_{りゅう}行_{こう}商_{しょう}品_{ひん} [류-코-쇼-힝] 유행상품

4 もっと 重_{おも}い 事_{こと} [못토 오모이코토] 더 무거운 것

5 もっと 軽_{かる}い 事_{こと} [못토 카루이 코토] 더 가벼운 것

6 もっと 長_{なが}い 事_{こと} [못토 나가이 코토] 더긴것

7 もっと 短_{みじか}い 事_{こと} [못토 미지카이 코토] 더 짧은 것

8 ほかの 種_{しゅ}類_{るい} [호카노 슈루이] 다른 종류

9 ほかの デザイン [호카노 데자잉] 다른 디자인

10 ほかの 色_{いろ} [호카노 이로] 다른 색깔

11 もっと 安_{やす}い もの [못토 야스이 모노] 더 싼 것

12 もっと 高_{たか}い もの [못토 타카이 모노] 더 비싼 것

1 신상품

しんしょうひん
新商品

2 세일 상품

しょうひん
セール商品

3 (옷을)입다 / (바지를)입다

き は
着る / 穿く

4 신다

は
履く

5 메다

せ お
背負う

6 먹다

た
食べる

7 바르다

ぬ
塗る

8 들다

も
持つ

9 만지다

さわ
触る

10 쓰다

か
書く

11 착용하다

ちゃくよう
着用する

12 몇 가지

いくつか

---

1 しんしょうひん
新商品 [신쇼-힝] 신상품

2 しょうひん
セール商品 [세-루쇼-힝] 세일상품

3 き は
着る / 穿く [키루 / 하쿠] (옷을) 입다 / (바지를) 입다

4 は
履く [하쿠] 신다

5 せ お
背負う [세오우] 메다

6 た
食べる [타베루] 먹다

7 ぬ
塗る [누루] 바르다

8 も
持つ [모츠] 들다

9 さわ
触る [사와루] 만지다

10 か
書く [카쿠] 쓰다

11 ちゃくよう
着用する [챠쿠요우스루] 착용하다

12 いくつか [이쿠츠카] 몇몇의

관련대화

A : 다른 종류를 좀 보여주시겠어요.

ほかの 種類を 見せてください。
호카노 슈루이오 미세테쿠다사이

B : 네, 알겠습니다.

はい、分かりました。
하이, 와카리마시타

관련단어

쇼핑몰	ショッピングモール	숏핑구모-루
상품	商品	쇼-힝
하자가 있는	欠陥の ある	켁칸노 아루
환불	払い 戻す	하라이 모도스
구입하다	買う	카우
영수증	領収書	료-슈-쇼
보증서	保証書	호쇼-쇼
소매점	小売店	코-리텡
세일	セール	세-루
계산대	勘定台	칸죠-다이
저렴한	値安だ	레야스다
물건이 다 팔리다	商品が 全部 捌ける	쇼-힝가 젠부 하케루
재고정리	棚ざらえ	타나자라에
신상품	新商品	신쇼-힝
공짜	ただ	타다

Chapter
10 도시

Unit 01 자연물

1 강
かわ
川

2 과수원
か じゅ えん
果樹園

3 나무
き
木

4 논
た
田

5 농작물
のう さく もつ
農作物

6 동굴
どう くつ
洞窟

7 들판
の はら
野原

8 바다
うみ
海

9 밭
はたけ
畑

10 사막
さ ばく
砂漠

11 산
やま
山

12 섬
しま
島

1 川 [카와] **강**
2 果樹園 [카쥬엔] **과수원**
3 木 [키] **나무**
4 田 [타] **논**
5 農作物 [노-사쿠모츠] **농작물**
6 洞窟 [도-쿠츠] **동굴**
7 野原 [노하라] **들판**
8 海 [우미] **바다**
9 畑 [하타케] **밭**
10 砂漠 [사바쿠] **사막**
11 山 [야마] **산**
12 島 [시마] **섬**

1 삼림
もり
森

2 습지
しっち
湿地

3 연못
いけ
池

4 저수지
ちょ すい ち
貯水池

5 초원
そうげん
草原

6 폭포
たき
滝

7 해안
かい がん
海岸

8 협곡
きょう こく
峡谷

9 호수
みずうみ
湖

10 목장
ぼくじょう
牧場

11 바위
いわ
岩

관련대화

A : 사막에 가본 적이 있나요?

さ ばく　 い
砂漠に 行った ことが ありますか?

사바쿠니 잇타 코토가 아리마스카

B : 네, 가본 적이 있어요.

い
はい、行った ことが あります。

하이 잇타 코토가 아리마스

1 　もり
森 [모리] 삼림

2 　しっ ち
湿地 [싯치] 습지

3 　いけ
池 [이케] 연못

4 　ちょ すい いち
貯水池 [쵸스이치] 저수지

5 　そう げん
草原 [소-겐] 초원

6 　たき
滝 [타키] 폭포

7 　かい がん
海岸 [카이간] 해안

8 　きょう こく
峡谷 [쿄-코쿠] 협곡

9 　みずうみ
湖 [미즈우미] 호수

10 　ぼく じょう
牧場 [보쿠죠-] 목장

11 　いわ
岩 [이와] 바위

수확하다	かりと 刈取る	카리토루
씨를 뿌리다	たね 種を まく	타네오 마쿠
온도	おん ど 温度	온도
수평선	すいへいせん 水平線	스이헤이센
지평선	ち へいせん 地平線	치헤이센
화석	か せき 化石	카세키
습도	しつ ど 湿度	시츠도
대지	しき ち 敷地	시키치
모래	すな 砂	스나
논두렁	あぜ 畦	아제

Unit 02 도시 건축물

1 우체국
ゆうびんきょく
郵便局

2 은행
ぎん こう
銀行

3 경찰서
けいさつ しょ
警察署

4 병원
びょういん
病院

5 편의점
コンビニ

6 호텔
ホテル

1 ゆうびんきょく
郵便局 [유-빈쿄쿠] 우체국

2 ぎん こう
銀行 [긴코우] 은행

3 けいさつ しょ
警察署 [케이사츠쇼] 경찰서

4 びょういん
病院 [뵤-잉] 병원

5 コンビニ [콘비니] 편의점

6 ホテル [호테루] 호텔

1 서점
ほん や
本屋

2 백화점
ひゃっ か てん
デパート/百貨店

3 노래방
カラオケ

4 커피숍
カフェ

5 영화관
えい が かん
映画館

6 문구점
ぶんぼう ぐ てん
文房具店

7 제과점
や
パン屋

8 놀이공원
ゆうえん ち
遊園地

9 주유소
ガゾリンスタンド

10 성당
せい どう
聖堂

11 교회
きょうかい
教会

12 찻집
きっ さ てん
喫茶店

13 번화가
はん か がい
繁華街

14 미술관
び じゅつかん
美術館

---

1 학교 がっこう 学校	**2 이슬람사원** じ いん イスラム寺院	**3 분수** ふんすい 噴水
4 공원 こうえん 公園	**5 댐** ダム	**6 정원** にわ 庭
7 사우나 サウナ	**8 식물원** しょくぶつえん 植物園	**9 동물원** どうぶつえん 動物園
10 광장 ひろ ば 広場	**11 다리** はし 橋	**12 박물관** はくぶつかん 博物館
13 기념관 き ねんかん 記念館	**14 약국** やっきょく 薬局	**15 소방서** しょうぼう しょ 消防署
16 도서관 と しょかん 図書館	**17 미용실** び ようしつ 美容室	**18 관광안내소** かんこう あんない じょ 観光案内所

1 学校 [각코우] 학교

2 イスラム寺院 [이스라무지잉] 이슬람사원

3 噴水 [훈스이] 분수

4 公園 [코우엔] 공원

5 ダム [다무] 댐

6 庭 [니와] 정원

7 サウナ [사우나] 사우나

8 植物園 [쇼쿠부츠엔] 식물원

9 動物園 [도우부츠엔] 동물원

10 広場 [히로바] 광장

11 橋 [하시] 다리

12 博物館 [하쿠부츠칸] 박물관

13 記念館 [키넹칸] 기념관

14 薬局 [얏쿄쿠] 약국

15 消防署 [쇼-보-쇼] 소방서

16 図書館 [토쇼칸] 도서관

17 美容室 [비요우시츠] 미용실

18 観光案内所 [칸코-안나이죠] 관광안내소

1 세탁소
せんたくや
洗濯屋

2 PC방
インターネットカフェ

3 목욕탕
せんとう
銭湯

4 발마사지집
あし   や
足マッサージ屋

5 안마방
エステサロン

6 온천
おんせん
温泉

🙌 관련대화

A : 일본 온천에 가본적이 있나요?

　　　　　おんせん　　い
　　日本の 温泉に 行ったことが ありますか?

　　니혼노 온센니 잇타코토가 아리마스카

B : 네 저는 유후인온천에 다녀온 적이 있어요.

　　　　　　　　　　ゆ ふ いんおんせん　　い
　　はい、私は 由布院温泉に 行ったことが あります。

　　하이, 와타시와 유후잉온센니 잇타코토가 아리마스

1　せんたくや
　洗濯屋 [센타쿠야] **세탁소**

2　インターネットカフェ [인타-넷토카페]
　PC방

3　せんとう
　銭湯 [센토-] **목욕탕**

4　あし   や
　足マッサージ屋 [아시맛사-지야] **발마
　사지샵**

5　エステサロン [에스테사론] **안마방**

6　おんせん
　温泉 [온센] **온천**

Chapter
11 스포츠, 여가

Unit 01 스포츠

1 볼링
ボウリング

2 암벽등반
ロッククライミング

3 활강
ダウンヒル

4 수상그네
すいじょう
水上ブランコ

5 패러글라이딩
パラグライダー

6 번지점프
バンジージャンプ

7 낚시
さかなつ
魚釣り

8 인공암벽
フリークライミング

9 바둑
い ご
囲碁

---

1 ボウリング [보우린구] 볼링

2 ロッククライミング [롯쿠쿠라이밍구]
  암벽등반

3 ダウンヒル [다운히루] 활강

4 水上ブランコ [스이죠-브랑코] 수상그네
  すいじょう

5 パラグライダー [파라구라이다-] 패러
  글라이딩

6 バンジージャンプ [반지-챤푸] 번지점프

7 魚釣り [사카나츠리] 낚시
  さかなつ

8 フリークライミング [후리-구라이밍구]
  인공암벽

9 囲碁 [이고] 바둑
  い ご

1 **카레이싱**
カーレーシング

2 **윈드서핑**
ウインドサーフィン

3 **골프**
ゴルフ

4 **테니스**
テニス

5 **스키**
スキー

6 **태극권**
たいきょくけん
太極拳

7 **무술**
ぶ じゅつ
武術

8 **승마**
じょう ば
乗馬

9 **축구**
サッカー

10 **배구**
バレーボール

11 **야구**
や きゅう
野球

12 **농구**
バスケットボール

13 **탁구**
たっきゅう
卓球

14 **검술**
けん どう
剣道

15 **수영**
すいえい
水泳

16 **경마**
けい ば
競馬

17 **권투**
ボクシング

Chapter 11 スポーツ, 여가

---

1 カーレーシング [카-레신구] **카레이싱**

2 ウインドサーフィン [우인도사-힌] **윈드서핑**

3 ゴルフ [고루후] **골프**

4 テニス [테니스] **테니스**

5 スキー [스키-] **스키**

6 太極拳 [타이쿄쿠켄] **태극권**
たいきょくけん

7 武術 [부쥬츠] **무술**
ぶ じゅつ

8 乗馬 [죠-바] **승마**
じょう ば

9 サッカー [삿카-] **축구**

10 バレーボール [바레-보-루] **배구**

11 野球 [야큐-] **야구**
や きゅう

12 バスケットボール [바스켓토보-루] **농구**

13 卓球 [탓큐-] **탁구**
たっきゅう

14 剣道 [켄도우] **검술**
けん どう

15 水泳 [스이에이] **수영**
すいえい

16 競馬 [케이바] **경마**
けい ば

17 ボクシング [보쿠싱구] **권투**

173 •

1 태권도
テコンドー

2 검도
<ruby>剣<rt>けん</rt></ruby><ruby>道<rt>どう</rt></ruby>

3 무에타이
ムエタイ

4 격투기
<ruby>格<rt>かく</rt></ruby><ruby>闘<rt>とう</rt></ruby><ruby>技<rt>ぎ</rt></ruby>

5 씨름
シルム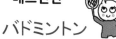

6 당구
ビリヤード

7 배드민턴
バドミントン

8 럭비
ラグビー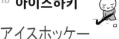

9 스쿼시
スカッシュ

10 아이스하키
アイスホッケー

11 핸드볼
ハンドボール

12 등산
<ruby>山<rt>やま</rt></ruby><ruby>登<rt>のぼ</rt></ruby>り

13 인라인
インラインスケート

14 조정
ボート

15 사이클
サイクル

16 요가
ヨガ

17 스카이다이빙
スカイダイビング

---

1 テコンドー [테콘도-] **태권도**
2 <ruby>剣<rt>けん</rt></ruby><ruby>道<rt>どう</rt></ruby> [켄도우] **검도**
3 ムエタイ [무에타이] **무에타이**
4 <ruby>格<rt>かく</rt></ruby><ruby>闘<rt>とう</rt></ruby><ruby>技<rt>ぎ</rt></ruby> [카쿠토-키] **격투기**
5 シルム [씨루무] **씨름**
6 ビリヤード [비리야-도] **당구**
7 バドミントン [바도민통] **배드민턴**
8 ラグビー [라구비-] **럭비**
9 スカッシュ [스캇슈] **스쿼시**

10 アイスホッケー [아이스홋케-] **아이스하키**
11 ハンドボール [한도보-루] **핸드볼**
12 <ruby>山<rt>やま</rt></ruby><ruby>登<rt>のぼ</rt></ruby>り [야마노보리] **등산**
13 インラインスケート [인라인스케-토] **인라인**
14 ボート [보-토] **조정**
15 サイクル [사이쿠루] **사이클**
16 ヨガ [요가] **요가**
17 スカイダイビング [스카이다이빙구] **스카이다이빙**

1 행글라이더
ハンググライダー

2 피겨스케이트
フィギュアスケート

3 롤러스케이트
ローラースケート

4 양궁
アーチェリー

5 스노클링
シュノーケリング

6 스쿠버다이빙
スキューバダイビング

7 해머던지기
ハンマー<ruby>投<rt>な</rt></ruby>げ

8 멀리뛰기
<ruby>走<rt>はし</rt></ruby>り<ruby>幅<rt>はば</rt></ruby><ruby>跳<rt>と</rt></ruby>び

9 창던지기
<ruby>槍<rt>やり</rt></ruby><ruby>投<rt>な</rt></ruby>げ

10 마라톤
マラソン

11 펜싱
フェンシング

12 쿵푸
カンフー

13 합기도
<ruby>合<rt>あい</rt></ruby><ruby>気<rt>き</rt></ruby><ruby>道<rt>どう</rt></ruby>

14 공수도
<ruby>空<rt>から</rt></ruby><ruby>手<rt>て</rt></ruby><ruby>道<rt>どう</rt></ruby>

15 레슬링
レスリング

---

1 ハンググライダー [한구구라이다-]
행글라이더

2 フィギュアスケート [히규아스케-토]
피겨스케이트

3 ローラースケート [로-라-스케-토]
롤러스케이트

4 アーチェリー [아-체리-] **양궁**

5 シュノーケリング [슈노-케링구] **스노클링**

6 スキューバダイビング [스큐-바다이
빙구] **스쿠버다이빙**

7 ハンマー<ruby>投<rt>な</rt></ruby>げ [한마-나게] **해머던지기**

8 <ruby>走<rt>はし</rt></ruby>り<ruby>幅<rt>はば</rt></ruby><ruby>跳<rt>と</rt></ruby>び [하시리하바토비] **멀리뛰기**

9 <ruby>槍<rt>やり</rt></ruby><ruby>投<rt>な</rt></ruby>げ [야리나게] **창던지기**

10 マラソン [마라손] **마라톤**

11 フェンシング [휀싱구] **펜싱**

12 カンフー [칸후-] **쿵푸**

13 <ruby>合<rt>あい</rt></ruby><ruby>気<rt>き</rt></ruby><ruby>道<rt>どう</rt></ruby> [아이키도-] **합기도**

14 <ruby>空<rt>から</rt></ruby><ruby>手<rt>て</rt></ruby><ruby>道<rt>どう</rt></ruby> [카라테도-] **공수도**

15 レスリング [레스링구] **레슬링**

1 스모
す もう
相撲

2 줄넘기
なわ と
縄飛び

3 뜀틀
ちょう ば
跳馬

4 에어로빅
エアロビクスダンス

5 아령
ダンベル

6 역도
じゅうりょう あ
重量挙げ

관련대화

A : 무슨 운동을 좋아하세요?

どんな スポーツが 好きですか?
す
돈나 스포-츠가 스키데스카

B : 저는 볼링을 좋아해요.

私は ボウリングが すきです。
わたし
와타시와 보우린구가 스키데스

A : 배우고 싶은 운동은 있나요?

学びたい スポーツは ありますか?
まな
마나비타이 스포츠와 아리마스카

B : 암벽등반을 하고 싶어요.

岩登りを 学びたいです。
いわのぼ　　　　まな
이와노보리오 마나비타이데스

관련단어

야구공	野球ボール やきゅう	야큐보-루
야구방망이	野球バット やきゅう	야큐밧토

1 相撲 [스모-] **스모**
す もう

2 縄飛び [나와토비] **줄넘기**
なわ と

3 跳馬 [쵸-바] **뜀틀**
ちょう ば

4 エアロビクスダンス [에아로비쿠스단스] **에어로빅**

5 ダンベル [단베루] **아령**

6 重量挙げ [쥬-료-아게] **역도**
じゅうりょう あ

축구공	サッカーボール	삿카-보-루
축구화	サッカーシューズ	삿카-슈-즈
글러브	グローブ	구로-부
헬멧	ヘルメット	헤루멧토
라켓	ラケット	라켓토
수영복	水着(みずぎ)	미즈기
튜브	チューブ	츄-부
수영모	水泳帽(すいえいぼう)	스이에이보-
러닝머신	ランニングマシーン	란닌구마시-인
코치	コーチ	코-치
유산소운동	有酸素運動(ゆうさんそうんどう)	유-산소운도-
무산소운동	無酸素運動(むさんそうんどう)	무산소운도-
근력운동	筋肉運動(きんにくうんどう)	킨니쿠운도-
호흡운동(숨쉬기 운동)	呼吸運動(こきゅううんどう)	코큐-운도-
수경	スイミングゴーグル	스이밍구고-구루
맨손체조	徒手体操(としゅたいそう)	토슈타이소우

Unit 02 오락, 취미

1 영화 감상
映画鑑賞(えいがかんしょう)

2 음악 감상
音楽鑑賞(おんがくかんしょう)

1 映画鑑賞(えいがかんしょう) [에이가칸쇼-] **영화감상** 2 音楽鑑賞(おんがくかんしょう) [온가쿠칸쇼-] **음악감상**

1 여행
りょこう
旅行

2 독서
どくしょ
読書

3 춤추기
おど
踊り

4 노래 부르기
うた　うた
歌を歌う

5 운동
うんどう
運動

6 등산
やまのぼ
山登り

7 수중잠수
すいちゅうせんすい
水中潜水

8 악기 연주
がっきえんそう
楽器演奏

9 요리
りょうり
料理

10 사진 찍기
しゃしんさつえい
写真撮影

11 정원 가꾸기
ガーデニング

12 우표 수집
きってしゅうしゅう
切手収集

13 낚시
さかなつ
魚釣り

14 십자수
クロスステッチ

15 TV 보기
み
テレビ見る

16 드라이브
ドライブ

17 빈둥거리기
ごろごろする

18 인터넷
インターネット

19 게임
ゲーム

---

1 旅行 [료코-] **여행**

2 読書 [도쿠쇼] **독서**

3 踊り [오도리] **춤추기**

4 歌を歌う [우타오 우타우] **노래 부르기**

5 運動 [운도-] **운동**

6 山登り [야마노보리] **등산**

7 水中潜水 [스이츄-센스이] **수중잠수**

8 楽器演奏 [갓키엔소-] **악기 연주**

9 料理 [료-리] **요리**

10 写真撮影 [샤신사츠에이] **사진 찍기**

11 ガーデニング [가-데닝구] **정원 가꾸기**

12 切手収集 [킷테슈-슈-] **우표 수집**

13 魚釣り [사카나츠리] **낚시**

14 クロスステッチ [쿠로스스텟치] **십자수**

15 テレビ見る [테레비미루] **TV 보기**

16 ドライブ [도라이부] **드라이브**

17 ごろごろする [고로고로스루] **빈둥거리기**

18 インターネット [인타-넷토] **인터넷**

19 ゲーム [게-무] **게임**

1 아이쇼핑하기
ウィンドウショッピングする

2 캠핑 가기
キャンピングする

3 마작
マージャン

4 장기
将棋
しょう ぎ

5 도예
陶芸
とう げい

6 뜨개질
編み物
あ もの

7 일하기
働く
はたら

8 멍때리기
ぼんやりする

🐵 **관련대화**

A : 취미가 뭐예요?
　　趣味は 何ですか?
　　しゅ み　　なん
　　슈미와 난데스카

B : 영화 보는 걸 좋아해요.
　　映画 観ることが 好きです。
　　えい が　み　　　　す
　　에이가 미루코토가 스키데스

A : 주말에는 뭐하세요?
　　週末には 何を しますか?
　　しゅうまつ　　なに
　　슈-마츠니와 나니오 시마스카

B : 주말에는 독서해요.
　　週末は 読書します。
　　しゅうまつ　どくしょ
　　슈-마츠와 도쿠쇼시마스

---

1 ウィンドウショッピングする [우인도
　우숏핑구스루] **아이쇼핑하기**
2 キャンピングする [캬핀구스루] **캠핑하기**
3 マージャン [마-쟝] **마작**
4 将棋 [쇼-기] **장기**
　しょう ぎ

5 陶芸 [토-게이] **도예**
　とう げい
6 編み物 [아미모노] **뜨개질**
　あ もの
7 働く [하타라쿠] **일하기**
　はたら
8 ぼんやりする [본야리스루] **멍때리기**

1 기타
ギター

2 피아노
ピアノ

3 색소폰
サクソフォン

4 플루트
フルート

5 하모니카
ハーモニカ

6 클라리넷
クラリネット

7 트럼펫
トランペット

8 하프
ハープ

9 첼로
チェロ

10 아코디언
アコーディオン

11 드럼
ドラム

12 실로폰
シロホン

13 거문고
^{こと}
琴

14 가야금
^{か や きん}
伽倻琴

15 대금
^{たい きん}
大芩

16 장구
チャング

17 징
^{かね}
鉦

18 해금
^{けい きん}
奚琴

19 단소
^{たん しょう}
短簫

20 피리
^{ふえ}
笛

---

1 ギター [기타-] **기타**

2 ピアノ [피아노] **피아노**

3 サクソフォン [사쿠소혼] **색소폰**

4 フルート [후루-토] **플루트**

5 ハーモニカ [하-모니카] **하모니카**

6 クラリネット [쿠라리넷토] **클라리넷**

7 トランペット [토란펫토] **트럼펫**

8 ハープ [하-푸] **하프**

9 チェロ [체로] **첼로**

10 アコーディオン [아코-디온] **아코디언**

11 ドラム [도라무] **드럼**

12 シロホン [스로혼] **실로폰**

13 琴 [코토] **거문고**

14 伽倻琴 [카야킨] **가야금**

15 大芩 [타이킨] **대금**

16 チャング [챵구] **장구**

17 鉦 [카네] **징**

18 奚琴 [케이킹] **해금**

19 短簫 [탄쇼] **단소**

20 笛 [후에] **피리**

1 오카리나
オカリナ

2 바이올린
バイオリン

3 비올라
ビオラ

🐾 관련대화

A : 어떤 악기를 다룰 줄 아세요?
どんな 楽器を 演奏できますか?
돈나 캇키오 엔소-데키마스카

B : 저는 피아노를 다룰 수 있어요.
私は ピアノを 弾けます。
와타시와 피아노오 히케마스

Unit 04 여가

4 휴양하다
きゅうよう
休養する

5 관광하다
かんこう
観光する

6 기분전환하다
きぶんてんかん
気分転換する

7 건강관리하다
けんこうかんり
健康管理をする

8 탐험하다
たんけん
探検する

9 박물관을 참관하다
はくぶつかん　　かんらん
博物館を 観覧する

---

1 オカリナ [오카리나] **오카리나**
2 バイオリン [바이오린] **바이올린**
3 ビオラ [비오라] **비올라**
4 休養する [큐-요-스루] **휴양하다**
5 観光する [칸코-스루] **관광하다**
6 気分転換する [키분텐칸 스루] **기분전
환하다**

7 健康管理をする [켄코-칸리오 스루]
건강관리하다
8 探検する [탄켄스루] **탐험하다**
9 博物館を 観覧する [하쿠부츠칸오 칸
란스루] **박물관을 참관하다**

A : 기분이 안 좋을 때 어떻게 기분전환하시나요?

気持ちが 悪い 時に どのように 気分転換しますか?

키모치가 와루이 토키니 도노요우니 키분텐칸시마스카

B : 저는 여행을 가면 기분전환이 돼요.

私は 旅行に 行くと 気分転換になります。

와타시와 료코-니 이쿠토 키분텐칸니나리마스

Unit 05 영화

1 영화관
映画館

2 매표소
切符売場

3 히트작
ヒット作

4 매점
売店/売り場

5 공포영화
ホラー映画

6 코미디영화
コメディー映画

7 액션영화
アクション映画

8 어드벤처영화
アドベンチャー映画

1 映画館 [에이가칸] 영화관
2 切符売場 [킷푸우리바] 매표소
3 ヒット作 [힛토사쿠] 히트작
4 売店 / 売り場 [바이텐 / 우리 바] 매점
5 ホラー映画 [호라-에이가] 공포영화

6 コメディー映画 [코메디-에이가] 코미디 영화
7 アクション映画 [아쿠숀에이가] 액션영화
8 アドベンチャー映画 [아도벤챠-에이가] 어드벤처영화

1 스릴러영화

スリラー 映画
えい が

2 주연배우

主演俳優
しゅ えん はい ゆう

3 조연배우

助演俳優
じょ えん はい ゆう

4 남자주인공

主演男優
しゅ えん だん ゆう

5 여자주인공

女主人公
おんな しゅ じん こう

6 영화사

映画史
えい が し

7 감독

監督
かん とく

💟 관련대화

A : 스릴러 영화 좋아하세요?

スリラー 映画は 好きですか?
えい が　　　す

스리라-에이가와 스키데스카

B : 아니요. 저는 무서운건 싫어요. 저는 로맨틱영화를 좋아합니다.

いいえ、私は 怖いのは 嫌いです。私は ロマンチックな映画
わたし　こわ　　　　きら　　　　わたし　　　　　　　　　　えい が
が好きです。
す

이이에, 와타시와 고와이모노와 키라이데스. 와타시와 로만틱쿠나에이가가 스키데스

💟 관련단어

뮤지컬영화	ミュージカル映画	뮤-지카루에이가
다큐멘터리영화	ドキュメンタリー映画	도큐멘타리에이가
로멘틱영화	ロマンチック 映画	로만틱쿠에이가

1 スリラー 映画 [스리라-에이가] 스릴러
えい が
영화
2 主演俳優 [슈엔하이유-] 주연배우
しゅ えん はい ゆう
3 助演俳優 [죠엔하이유-] 조연배우
じょ えん はい ゆう

4 主演男優 [슈엔단유-] 남자주인공
しゅ えん だん ゆう
5 女主人公 [온나쥬진코-] 여자주인공
おんな しゅ じん こう
6 映画史 [에이가시] 영화사
えい が し
7 監督 [칸토쿠] 감독
かん とく

Part 2

여행 단어

Chapter 01 공항에서

Unit 01 공항

1 국내선 こくないせん 国内線	**2 국제선 = flight** こくさいせん 国際線	**3 탑승창구** とうじょうぐち 搭乗口
4 항공사 こうくうがいしゃ 航空会社	**5 탑승수속** とうじょうてつづ 搭乗手続き	**6 항공권** こうくうけん 航空券
7 여권 パスポート		**8 탑승권** とうじょうけん 搭乗券
9 금속탐지기 きんぞくたんちき 金属探知器		**10 창가좌석** まどがわ せき 窓側の席

---

1 こくないせん
国内線 [코쿠나이센] **국내선**

2 こくさいせん
国際線 [코쿠사이센] **국제선**

3 とうじょうぐち
搭乗口 [토우쇼-구치] **탑승창구**

4 こうくうがいしゃ
航空会社 [코-쿠-가이샤] **항공사**

5 とうじょうてつづ
搭乗手続き [토-죠-테츠즈키] **탑승수속**

6 こうくうけん
航空券 [코-쿠켄] **항공권**

7 パスポート [파스포-토] **여권**

8 とうじょうけん
搭乗券 [토-죠-켄] **탑승권**

9 きんぞくたんちき
金属探知器 [킨조쿠탄치키] **금속탐지기**

10 まどがわ せき
窓側の席 [마도가와노 세키] **창가좌석**

ᵉᵉᵉ.ᵉᵉᵉᵉᵉᵉᵉᵉᵉᵉᵉᵉᵉᵉᵉᵉᵉᵉᵉᵉ

1 통로좌석
つうろがわ せき
通路側の席

2 탁송화물
たくそうかもつ
託送貨物

3 수하물표
てにもつきっぷ
手荷物切符

4 추가 수하물 운임
ついかてにもつうんちん
追加手荷物運賃

5 세관
ぜいかん
税関

6 신고하다
しんこく
申告する

7 출국신고서
しゅっこくしんこくしょ
出国申告書

8 면세점
めんぜいてん
免税店

9 입국심사
にゅうこくしんさ
入国審査

10 휴대품신고서
けいたいひんしんこくしょ
携帯品申告書

11 비자
ビザ

12 세관원
ぜいかんしょくいん
税関職員

A : 여권과 신고서를 보여주세요. 신고할 물건이 있나요?

パスポートと 申告書を 見せてください。申告する 物が あり
ますか?

파스포-토토 신코쿠쇼오 미세테쿠다사이. 신코쿠스루모노가 아리마스카

B : 신고할 물건이 없습니다.

申告する 物が ありません。

신코쿠스루모노가 아리마센

A : 가방을 열어주시겠어요.

かばんを 開けてください

카방오 아케테쿠다사이。

B : 이것은 개인 소지품입니다.

これは 身の回り品だけ 持っています。

코레와 미노마와리힝다케 못테이마스

목적지	目的地	모쿠테키치
도착지	到着地	토-챠쿠치
방문목적	訪問目的	호우몬모쿠테키
체류기간	滞留期間	타이류-키칸
입국허가	入国許可	뉴-코쿠쿄카
검역소	検疫所	켄에키쿄
수하물 찾는 곳	手荷物受取所	테니모치우케토리쇼
리무진 버스	リムジンバス	리무진바스

Unit 02 기내 탑승

¹ ① 창문
まど
窓

² ② 스튜어디스
きゃくしつじょうむいん
客室乗務員

³ ③ 객석 위쪽의 짐칸
きゃくせき　うえ　にもつくうかん
客席の 上の荷物空間

⁴ ④ 에어컨
エアコン

⁵ ⑤ 조명
しょうめい
照明

⁶ ⑥ 모니터
モニター

⁷ ⑦ 좌석(자리)
せき
席

⁸ ⑧ 구명조끼
きゅうめい
救命チョッキ

⁹ ⑨ 호출버튼
よ　だ
呼び出しボタン

¹⁰ ⑩ 짐
にもつ
荷物

¹¹ ⑪ 안전벨트
あんぜん
安全ベルト

¹² ⑫ 통로
つうろ
通路

¹³ ⑬ 비상구
ひじょうぐち
非常口

¹⁴ ⑭ 화장실
てあらい
手洗/ トイレ

¹⁵ ⑮ 이어폰
イヤホン

---

1 窓 [마도] 창문

2 客室乗務員 [캬쿠시츠죠-무잉] 객실 승무원

3 客席の 上の荷物空間 [캬쿠세키노 우에노니모츠쿠-칸] 객석 위쪽의 짐칸

4 エアコン [에아콘] 에어컨

5 照明 [쇼-메이] 조명

6 モニター [모니타-] 모니터

7 席 [세키] 좌석(자리)

8 救命チョッキ [큐-메이촛키] 구명조끼

9 呼び出しボタン [요비다시보탄] 호출버튼

10 荷物 [니모츠] 짐

11 安全ベルト [안젠베루토] 안전벨트

12 通路 [츠-로] 통로

13 非常口 [히죠-구치] 비상구

14 手洗/ トイレ [테아라이/토이레] 화장실

15 イヤホン [이야혼] 이어폰

1 ① 조종실	2 ② 기장	3 ③ 부기장	4 ④ 활주로
コックピット	機長	副機長	滑走路

기 ちょう（機長）、ふく き ちょう（副機長）、かっ そう ろ（滑走路）

관련대화

A : 자리를 좀 찾아주시겠어요?

席を 探してください。
세키오 사가시테쿠다사이

B : 오른쪽 5번째 창가 좌석이십니다.

右側 五番目の 窓側の 席です。
미기가와 고반메노 마도가와노세키데스

A : 감사합니다.

ありがとう御座います。
아리가토우고자이마스

---

1 コックピット [콧쿠핀토] 조종실

2 機長 [키쵸-] 기장

3 副機長 [후쿠키쵸-] 부기장

4 滑走路 [캇쇼-로] 활주로

B : 별 말씀을요.

とんでもないです。
톤데모나이데스

🐢 관련단어

도착 예정 시간	とうちゃくよていじこく 到着予定時刻	토우챠쿠요테이지코쿠
이륙하다	りりく 離陸する	리리쿠스루
착륙하다	ちゃくりく 着陸する	챠쿠리쿠스루
무료 서비스	むりょう 無料サービス	무료-사-비스
사용 중	しようちゅう 使用中	시요-츄-
금연 구역	きんえんくいき 禁煙区域	킨엔쿠이키
시차적응 안됨	じさ 時差ボケ	지사포케
경유	けいゆ 経由	케이유
직항	ちょっこう 直航	춋코우
좌석 벨트를 매다	シートベルトを する	시-토베루토오 스루
연기/지연	えんき ちえん 延期/ 遅延	엔키/치엔

1 신문
しんぶん
新聞

2 면세품 목록
めんぜいひん
免税品カタログ

3 잡지
ざっ し
雑誌

4 담요
もう ふ
毛布

5 베개
まくら
枕

6 입국카드
にゅうこく
入国カード

7 티슈
ティッシュ

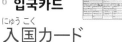

8 음료수
の   もの
飲み物

9 기내식
き ないしょく
機内食

10 맥주
ビール

11 와인
ワイン

12 물
みず
水

13 커피
コーヒー

14 차
ちゃ
お茶

1 しんぶん
新聞 [신분] 신문

2 めんぜいひん
免税品カタログ [멘제이힝카타로구]
면세품 목록

3 ざっ し
雑誌 [잣시] 잡지

4 もう ふ
毛布 [모-후] 담요

5 まくら
枕 [마쿠라] 베개

6 にゅうこく
入国カード [뉴-코쿠카-도] 입국카드

7 ティッシュ [팃슈] 티슈

8 の   もの
飲み物 [노미모노] 음료수

9 き ないしょく
機内食 [키나이쇼쿠] 기내식

10 ビール [비-루] 맥주

11 ワイン [와인] 와인

12 みず
水 [미즈] 물

13 コーヒー [코-히-] 커피

14 ちゃ
お茶 [오챠] 차

관련대화

A : 음식은 무엇으로 드시겠어요?

食べ物は 何に しますか?
<small>た　　もの　　　なに</small>

타베모노와 나니니 시마스카

B : 어떤 요리가 있나요?

どんな 料理が ありますか?
<small>りょう り</small>

돈나 료-리가 아리마스카

A : 닭고기 요리와 소고기 요리가 있습니다.

鶏肉料理と 牛肉料理が あります。
<small>とり にくりょう り　　ぎゅうにくりょう り</small>

토리니쿠료-리토 규-니쿠료-리가 아리마스

B : 닭고기 요리로 주세요.

鶏肉料理にします。
<small>とり にくりょう り</small>

토리니쿠료-리니시마스

관련단어

이륙	離陸 <small>り りく</small>	리리쿠
착륙	着陸 <small>ちゃく りく</small>	챠쿠리쿠
홍차	紅茶 <small>こうちゃ</small>	코-챠
물티슈	ウェットティッシュ	우엣토티슈
스튜어드	スチュワード	스츄와-도
샐러드	サラダ	사라다
알로에쥬스	アロエジュース	아로에쥬-스
탄산음료	炭酸飲料 <small>たんさんいんりょう</small>	탄산인료-

Chapter

02 입국심사

1 비즈니스

ビジネス

2 여행, 관광

りょ こう　かん こう
旅行 / 観光

3 공무

こう む
公務

4 취업

しゅうしょく
就職

5 거주

きょじゅう
居住

6 친척 방문

しん せき　　ほう もん
親戚への訪問

7 유학

りゅう がく
留学

8 귀국

き こく
帰国

9 기타

た
その他

---

1 ビジネス [비지네스] **비즈니스**

りょ こう　　かん こう
2 旅行 / 観光 [료코- / 칸코-] **여행, 관광**

こう む
3 公務 [코-무] **공무**

しゅうしょく
4 就職 [슈-쇼쿠] **취업**

きょじゅう
5 居住 [쿄쥬-] **거주**

しん せき　　ほう もん
6 親戚への訪問 [신세키헤노호-몬] **친척 방문**

りゅう がく
7 留学 [류-가쿠] **유학**

き こく
8 帰国 [키코쿠] **귀국**

た
9 その他 [소노타] **기타**

🐱 관련대화

A : 방문 목적은 무엇입니까?

訪問の 目的は 何ですか?
ほうもん　もくてき　　なん

호-몬노 모쿠테키와 난데스카

B : 사업차입니다.

ビジネスです。

비지네스데스

Unit 02 거주지

1 호텔

ホテル

2 친척집

親戚の 家
しんせき　　いえ

3 친구집

友人の 家
ゆうじん　　いえ

4 미정입니다

未定です
み　てい

🐱 관련대화

A : 어디서 머무시나요?

どこに 泊まりますか?
　　　と

도코니 토마리마스카

B : 호텔에서 머울러요.

ホテルに 泊まります。
　　　　　と

호테루니 토마리마스

1 ホテル [호테루] **호텔**

2 親戚の 家 [신세키노 이에] **친척집**
しんせき　　いえ

3 友人の 家 [유-징노 이에] **친구집**
ゆうじん　　いえ

4 未定です [미테이데스] **미정입니다**
み　てい

Chapter
03 숙소

Unit 01 예약

1 예약
よやく
予約

2 체크인
チェックイン

3 체크아웃
チェックアウト

4 싱글룸
シングルルーム

5 더블룸
ダブルルーム

6 트윈룸
ツインルーム

7 스위트룸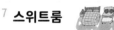
スイートルーム

8 다인실
ドーミトリー

9 일행
いっこう
一行

10 흡연실
きつえんしつ
喫煙室

11 금연실
きんえんしつ
禁煙室

12 방값
へやだい
部屋代

---

1 よやく
予約 [요야쿠] 예약

2 チェックイン [쳇쿠인] 체크인

3 チェックアウト [쳇쿠아우토] 체크아웃

4 シングルルーム [신구루루-무] 싱글 룸

5 ダブルルーム [다부루루-무] 더블 룸

6 ツインルーム [츠인루-무] 트윈 룸

7 スイートルーム [스이-토루-무] 스위트룸

8 ドーミトリー [도-미토리-] 다인실

9 いっこう
一行 [잇코-] 일행

10 きつえんしつ
喫煙室 [키츠엔시츠] 흡연실

11 きんえんしつ
禁煙室 [킨엔시츠] 금연실

12 へやだい
部屋代 [헤야다이] 방값

1 예약번호
予約番号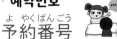

2 방카드
ルームキー

🐾 관련대화

A : 방을 예약하려고 하는데요.
部屋を 予約して ほしいんですけど。
헤야오 요야쿠시테 호시잉데스케도

B : 어떤 방을 원하세요?
どんな 部屋を ご希望ですか?
돈나 헤야오 고키보-데스카

A : 싱글룸을 원합니다.
シングルルームを 予約したいです。
신구루루-무오 요야쿠시타이데스

🐾 관련단어

예치금	保証金	호쇼-킹
환불	払い戻し	하라이모도시
봉사료	サービス料	사-비스료-

---

1 予約番号 [요야쿠방고-] 예약번호   2 ルームキー [루-무키-] 방카드

¹ ① **프런트**

フロント

² ② **접수계원**

受<small>うけ</small>付<small>つけ</small>の人<small>ひと</small>

³ ③ **도어맨**

ドアマン

⁴ ④ **벨보이**

ベルボーイ

⁵ ⑤ **사우나**

サウナ

⁶ ⑥ **회의실**

会<small>かい</small>議<small>ぎ</small>室<small>しつ</small>

⁷ ⑦ **레스토랑**

レストラン

⁸ ⑧ **룸메이드**

ルームメード

⁹ ⑨ **회계**

会<small>かい</small>計<small>けい</small>

관련대화

A : 호텔의 사우나는 어디 있나요?

ホテルの サウナは どこですか?
호테루노 사우나와 도코데스카

B : 직진해서 가면 바로 있어요.

まっすぐ 行<small>い</small>くと あります。
맛스구 이쿠토 아리마스

1 フロント [프론토] **프런트**

2 受付の人<small>うけつけ ひと</small> [우케츠케노 히토] **접수계원**

3 ドアマン [도아만] **도어맨**

4 ベルボーイ [베루보-이] **벨보이**

5 サウナ [사우나] **사우나**

6 会議室<small>かい ぎ しつ</small> [카이기시츠] **회의실**

7 レストラン [레스토랑] **레스토랑**

8 ルームメード [루-무메-도] **룸메이드**

9 会計<small>かいけい</small> [카이케이] **회계**

Unit 03 숙소 종류

1 호텔
ホテル

2 캠핑
キャンプ

3 게스트하우스
ゲストハウス

4 민박
みんしゅく
民宿

5 료칸 (일본식 전통 고급 호텔)
りょかん
旅館

6 펜션
ペンション

7 캡슐호텔
カプセルホテル

8 인터넷카페
インターネットカフェ

9 국민숙사 (지자체나 마을에서 운영하는 게스트하우스)
こくみんしゅくしゃ
国民宿舎

관련대화

A : 호텔을 예약하려고요.
　　よ　やく
　　ホテルを 予約して ほしいです。
　　호테루오 요야쿠시테 호시이데스

B : 며칠이나 머무르실 거예요?
　　なんにち　　と
　　何日まで 泊まりますか?
　　난니치마데 도마리마스카

1 ホテル [호테루] **호텔**

2 キャンプ [캬푸] **캠핑**

3 ゲストハウス [게스토하우스] **게스트하우스**

4 民宿 みんしゅく [민슈쿠] **민박**

5 旅館 りょかん [료칸] **료칸**

6 ペンション [벤숀] **펜션**

7 カプセルホテル [카푸세루호테루] **캡슐호텔**

8 インターネットカフェ [인타-넷토카훼] **인터넷카페**

9 国民宿舎 こくみんしゅくしゃ [코쿠민슈쿠샤] **국민숙사**

¹ **모닝콜**

モーニングコール

² **세탁**

<ruby>洗濯<rt>せんたく</rt></ruby>

³ **다림질**

アイロン

⁴ **드라이클리닝**

ドライクリーニング

⁵ **방청소**

<ruby>部屋<rt>へや</rt></ruby>の<ruby>掃除<rt>そうじ</rt></ruby>

⁶ **식당 예약**

<ruby>食堂<rt>しょくどう</rt></ruby>の <ruby>予約<rt>よやく</rt></ruby>

⁷ **안마**

<ruby>按摩<rt>あんま</rt></ruby>

⁸ **식사**

<ruby>食事<rt>しょくじ</rt></ruby>

⁹ **미니바**

ミニバー

¹⁰ **팁**

チップ

---

1 モーニングコール [모-닝구코-루] **모닝콜**

2 <ruby>洗濯<rt>せんたく</rt></ruby> [센타쿠] **세탁**

3 アイロン [아이론] **다림질**

4 ドライクリーニング [도라이쿠리-닌구] **드라이클리닝**

5 <ruby>部屋<rt>へや</rt></ruby>の<ruby>掃除<rt>そうじ</rt></ruby> [헤야노소우지] **방청소**

6 <ruby>食堂<rt>しょくどう</rt></ruby>の <ruby>予約<rt>よやく</rt></ruby> [쇼쿠도우노 요야쿠] **식당 예약**

7 <ruby>按摩<rt>あんま</rt></ruby> [안마] **안마**

8 <ruby>食事<rt>しょくじ</rt></ruby> [쇼쿠지] **식사**

9 ミニバー [미니바-] **미니바**

10 チップ [칫푸] **팁**

A : 룸서비스를 부탁드립니다.

ルームサービス お願いします。

루-무사-비스 오네가이시마스

B : 네, 알겠습니다. 성함과 방번호가 어떻게 되세요?

はい、分かりました。お名前と 部屋番号を 教えてください?

하이, 와카리마시타, 오나마에토 헤야반고-오 오시에테쿠다사이

A : 저는 사사키이구요, 방번호는 202호입니다.

私の 名前は 佐崎で、部屋番号は 202号です。

와타시노 나마에와 사사키데, 헤야반고-와 니제로니고-데스

Chapter
04 교통

Unit 01 탈 것

1 **비행기** ひ こ う き 飛行機	2 **헬리콥터** ヘリコプター	3 **케이블카** ケーブルカー
4 **여객선** りょ かく せん 旅客船	5 **요트** ヨット	6 **잠수함** せんすいかん 潜水艦
7 **택시** タクシー	8 **자동차** くるま 車	9 **버스** バス
10 **기차** き しゃ 汽車	11 **지하철** ち か てつ 地下鉄	12 **자전거** じ てんしゃ 自転車

1 ひ こう き
飛行機 [히코-키] **비행기**

2 ヘリコプター [헤리코푸타-] **헬리콥터**

3 ケーブルカー [케-부루카-] **케이블카**

4 りょ かく せん
旅客船 [료카쿠센] **여객선**

5 ヨット [욧토] **요트**

6 せんすいかん
潜水艦 [센스이칸] **잠수함**

7 タクシー [타쿠시-] **택시**

8 くるま
車 [쿠루마] **자동차**

9 バス [바스] **버스**

10 き しゃ
汽車 [키샤] **기차**

11 ち か てつ
地下鉄 [치카테츠] **지하철**

12 じ てんしゃ
自転車 [지텐샤] **자전거**

1 트럭
トラック

2 크레인
クレーン

3 모노레일
モノレール

4 소방차
しょうぼうしゃ
消防車

5 구급차
きゅうきゅうしゃ
救急車

6 이층버스
に かい だ
二階建てバス

7 견인차
けんいんしゃ
牽引車

8 관광버스
かん こう
観光バス

9 레미콘
レミコン

10 순찰차
パトカー

11 오토바이
オートバイ

12 증기선
じょう き せん
蒸気船

13 지게차
フォークリフト

14 열기구
ねつ き きゅう
熱気球

15 스포츠카
スポーツカー

16 벤
バン

1 トラック [도랏쿠] **트럭**

2 クレーン [쿠레엔] **크레인**

3 モノレール [모노레루] **모노레일**

4 しょうぼうしゃ
消防車 [쇼-보-샤] **소방차**

5 きゅうきゅうしゃ
救急車 [큐-큐-샤] **구급차**

6 に かい だ
二階建てバス [니카이다테바스] **이층버스**

7 けんいんしゃ
牽引車 [켄인샤] **견인차**

8 かん こう
観光バス [칸코-바스] **관광버스**

9 レミコン [레미콘] **레미콘**

10 パトカー [파토카-] **순찰차**

11 オートバイ [오-토바이] **오토바이**

12 じょう き せん
蒸気船 [죠-키센] **증기선**

13 フォークリフト [효-구리후토] **지게차**

14 ねつ き きゅう
熱気球 [네츠키큐-] **열기구**

15 スポーツカー [스포-츠카-] **스포츠카**

16 バン [반] **벤**

A : 모노레일 타 본 적 있어요?

モノレールに 乗ったことが ありますか?

모노레-루니 놋타코토가 아리마스카

B : 네 한번 타본 적이 있어요.

はい、一度 乗ったことが あります。

하이, 이치도 놋타코토가 아리마스

Unit 02 자동차 명칭 / 자전거 명칭

¹ ① **엑셀(가속페달)**	² ② **브레이크**	³ ③ **백미러**
アクセル	ブレーキ	バックミラー

¹ アクセル [아쿠세루] **엑셀(가속페달)**   ³ バックミラー [밧쿠미라-] **백미러**

² ブレーキ [부레-키] **브레이크**

¹ ④ **핸들**

ハンドル

² ⑤ **클랙슨**

クラクション

³ ⑥ **번호판**

ナンバープレート

⁴ ⑦ **변속기**

スピードメーター

⁵ ⑧ **트렁크**

トランク

⁶ ⑨ **클러치**

クラッチ

⁷ ① **안장**

サドル

⁸ ② **앞바퀴**

ぜんりん
前輪

⁹ ③ **뒷바퀴**

こうりん
後輪

¹⁰ ④ **체인**

チェーン

¹¹ ⑤ **페달**

ペダル

---

¹ ハンドル [한도루] **핸들**

² クラクション [쿠라쿠숀] **클랙슨**

³ ナンバープレート [난바-푸레-토] **번호판**

⁴ スピードメーター [스피-도메-타-] **변속기**

⁵ トランク [토란쿠] **트렁크**

⁶ クラッチ [쿠랏치] **클러치**

⁷ サドル [사도루] **안장**

⁸ ぜんりん
前輪 [젠린] **앞바퀴**

⁹ こうりん
後輪 [코-린] **뒷바퀴**

¹⁰ チェーン [체-잉] **체인**

¹¹ ペダル [페다루] **페달**

A : 트렁크를 좀 열어주세요.

トランクを 開^あけてください。

도란쿠오 아케테쿠다사이

B : 네, 열었습니다.

はい、開^あけました。

하이, 아케마시타

안전벨트	シートベルト	시-토베루토
에어백	エアバッグ	에아팟쿠
배터리	バッテリー	팟테리-
엔진	エンジン	엔진
LPG	エルピージー	에루피-지-
윤활유	潤滑油	쥰가츠유
경유	軽油	케이유
휘발유	ガソリン	가소린
세차	洗車	센샤

¹ 서행
じょ こう
徐行

² 일시정지
いち じ てい し
一時停止

³ 추월금지
おい こし きん し
追越禁止

⁴ 제한속도
せいげん そく ど
制限速度

⁵ 일방통행
いっ ぽう つう こう
一方通行

⁶ 주차금지
ちゅうしゃ きん し
駐車禁止

駐車禁止

⁷ 우측통행
みぎ がわ つう こう
右側通行

右側通行
ご協力下さい

⁸ 진입금지
しん にゅう きん し
進入禁止

禁止進入

⁹ 유턴금지
きん し
Uターン禁止

¹⁰ 낙석도로
らく せき どう ろ
落石道路

¹¹ 어린이 보호구역

スクールゾーン

---

1 じょこう
  徐行 [죠코-] **서행**

2 いちじていし
  一時停止 [이치지테이시] **일시정지**

3 おいこしきんし
  追越禁止 [오이코시킨시] **추월금지**

4 せいげんそくど
  制限速度 [세이겐소쿠도] **제한속도**

5 いっぽうつうこう
  一方通行 [잇포-츠-코-] **일방통행**

6 ちゅうしゃきんし
  駐車禁止 [츄-샤킨시] **주차금지**

7 みぎがわつうこう
  右側通行 [미기가와츠-코-] **우측통행**

8 しんにゅうきんし
  進入禁止 [신뉴-킨시] **진입금지**

9 きんし
  Uターン禁止 [유탄킨시] **유턴금지**

10 らくせきどうろ
   落石道路 [라쿠세키도-로] **낙석도로**

11 スクールゾーン [스쿠-루존] **어린이 보
   호구역**

1 좌회전
<ruby>左<rt>さ</rt></ruby><ruby>折<rt>せつ</rt></ruby>

2 우회전
<ruby>右<rt>う</rt></ruby><ruby>折<rt>せつ</rt></ruby>

3 직진
<ruby>直<rt>ちょく</rt></ruby><ruby>進<rt>しん</rt></ruby>

4 백 (back)
バック

5 유턴
Uターン

6 동서남북
<ruby>東<rt>とう</rt></ruby><ruby>西<rt>ざい</rt></ruby><ruby>南<rt>なん</rt></ruby><ruby>北<rt>ぼく</rt></ruby>

관련대화

A : 도서관은 어떻게 가나요?

<ruby>図<rt>と</rt></ruby><ruby>書<rt>しょ</rt></ruby><ruby>館<rt>かん</rt></ruby>はどうやって<ruby>行<rt>い</rt></ruby>きますか。

토쇼칸와 도우얏테 이키마스카

B : 여기에서 직진하세요.

ここから まっすぐ<ruby>行<rt>い</rt></ruby>てください。

코코카라 맛스구이테쿠다사이

---

1 <ruby>左<rt>さ</rt></ruby><ruby>折<rt>せつ</rt></ruby> [사세츠] **좌회전**

2 <ruby>右<rt>う</rt></ruby><ruby>折<rt>せつ</rt></ruby> [우세츠] **우회전**

3 <ruby>直<rt>ちょく</rt></ruby><ruby>進<rt>しん</rt></ruby> [죠쿠신] **직진**

4 バック [밧쿠] **백(BACK)**

5 Uターン [유탄-] **유턴**

6 <ruby>東<rt>とう</rt></ruby><ruby>西<rt>ざい</rt></ruby><ruby>南<rt>なん</rt></ruby><ruby>北<rt>ぼく</rt></ruby> [토우자이난보쿠] **동서남북**

후진하다	バックする	팟쿠스루
고장나다	故障する	코쇼-스루
(타이어가) 펑크나다	タイヤが パンクする	타이야가 판쿠스루
견인하다	牽引する	켄인스루
갈아타다	乗り換える	노리카에루
차가 막히다	車が渋滞する	쿠루마가 쥬-타이스루
주차위반 딱지	駐車違反の ステッカー	츄-샤이한노 스팃카-
지하철노선도	地下鉄の 路線図	치카테츠노 로센즈
대합실	待合室	마치아이시츠
운전기사	運転手	운텐슈
운전면허증	運転免許証	운텐멘쿄쇼-
중고차	中古車	츄-코샤
새차	新車	신샤

1 신호등
しんごうとう
信号灯

2 횡단보도
おうだんほどう
横断歩道

3 주유소
ガソリンスタンド

4 인도
ほどう
歩道

5 차도
しゃどう
車道

6 고속도로
こうそくどうろ
高速道路

7 교차로
こうさてん
交差点

8 지하도
ちかどう
地下道

9 버스정류장
てい
バス停

10 방향표지판
ほうこうひょうしきばん
方向標識板

11 육교
りっきょう
陸橋

12 공중전화
こうしゅうでんわ
公衆電話

1 しんごうとう 信号灯 [신고우토우] **신호등**

2 おうだんほどう 横断歩道 [오우단호도우] **횡단보도**

3 ガソリンスタンド [가소린스탄토] **주유소**

4 ほどう 歩道 [호도-] **인도**

5 しゃどう 車道 [샤도-] **차도**

6 こうそくどうろ 高速道路 [코-소쿠도-로] **고속도로**

7 こうさてん 交差点 [코-사텐] **교차로**

8 ちかどう 地下道 [치카도-] **지하도**

9 てい バス停 [바스테이] **버스정류장**

10 ほうこうひょうしきばん 方向標識板 [호-코-효-시키방] **방향표지판**

11 りっきょう 陸橋 [릿쿄-] **육교**

12 こうしゅうでんわ 公衆電話 [쿄-슈-덴와] **공중전화**

Chapter
05 관광

Unit 01 일본 대표 관광지

1 **하라주쿠**
はらじゅく
原宿

2 **도쿄타워**
とうきょう
東京タワー

3 **신주쿠**
しんじゅく
新宿

4 **오다이바**
だいば
お台場

5 **에노시마**
え　しま
江の島

6 **아사쿠사**
あさくさ
浅草

7 **디즈니랜드**
ディズニーランド

8 **시부야**
しぶや
渋谷

---

1 原宿 [하라쥬쿠] **하라주쿠**
　はらじゅく

2 東京タワー [토우쿄-타와-] **도쿄타워**
　とうきょう

3 新宿 [신쥬쿠] **신주쿠**
　しんじゅく

4 お台場 [오다이바] **오다이바**
　だいば

5 江の島 [에노시마] **에노시마**
　え　しま

6 浅草 [아사쿠사] **아사쿠사**
　あさくさ

7 ディズニーランド [디즈니-란도] **디즈니 랜드**

8 渋谷 [시부야] **시부야**
　しぶや

¹ **에비스**
えびす
恵比寿

² **우에노**
うえの
上野

³ **후지산**
ふじさん
富士山

⁴ **하코네**
はこね
箱根

⁵ **후지큐 하이랜드**
ふじきゅう
富士急ハイランド

⁶ **요코하마**
よこはま
横浜

⁷ **오사카성**
おおさかじょう
大阪城

⁸ **도톤보리**
どうとんぼり
道頓堀

⁹ **유니버셜스튜디오**
ユニバーサルスタジオ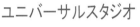

¹⁰ **우메다**
うめだ
梅田

¹¹ **나라공원(사슴공원)**
ならこうえん
奈良公園

¹² **도다이지**
とうだいじ
東大寺

¹³ **킨카쿠지**
きんかくじ
金閣寺

¹⁴ **기요미즈데라**
きよみずでら
清水寺

---

¹ えびす
恵比寿 [에비스] **에비스**

² うえの の
上野 [우에노] **우에노**

³ ふじさん
富士山 [후지상] **후지산**

⁴ はこね
箱根 [하코네] **하코네**

⁵ ふじきゅう
富士急ハイランド [후지큐하이란도]
후지큐 하이랜드

⁶ よこはま
横浜 [요코하마] **요코하마**

⁷ おおさかじょう
大阪城 [오-사카쿄-] **오사카성**

⁸ どうとんぼり
道頓堀 [도-톤보리] **도톤보리**

⁹ ユニバーサルスタジオ [유니바-사루
스타지오] **유니버설스튜디오**

¹⁰ うめだ
梅田 [우메다] **우메다**

¹¹ ならこうえん
奈良公園 [나라코-엔] **나라공원(사슴공원)**

¹² とうだいじ
東大寺 [토-다이지] **도다이지**

¹³ きんかくじ
金閣寺 [킨카쿠지] **킨카쿠지**

¹⁴ きよみずでら
清水寺 [키요미즈데라] **기요미즈데라**

1 고베 포트타워
こうべ
神戸ポートタワー

2 하버랜드
ハーバーランド

3 기타노이진칸
きた の い じんかん
北野異人館

4 하우스텐보스
ハウステンボス

5 벳부 지옥온천
べっ ぷ じ ごくおんせん
別府地獄温泉

6 유후인 긴린코호수
ゆ ふ いんきんりん こ
由布院金鱗湖

7 다자이후
だ ざい ふ
大宰府

8 모모치해변
かいひん
ももち海浜

9 나카스야타이
なか す や たい
中洲屋台

10 아소산
あ そ さん
阿蘇山

11 오타루운하
お たるうん が
小樽運河

12 삿포로
さっ ぽろ
札幌

13 후라노
ふ ら の
富良野

14 비에이
び えい
美瑛

1 こうべ
神戸ポートタワー [코-베포-토타와-]
고베 포트타워

2 ハーバーランド [하-바-란도] 하버랜드

3 きた の い じんかん
北野異人館 [키타노이진칸] 기타노이
진칸

4 ハウステンボス [하우스텐보스] 하우
스텐보스

5 べっ ぷ じ ごくおんせん
別府地獄温泉 [벳부지고쿠온센] 벳부
지옥온천

6 ゆ ふ いんきんりん こ
由布院金鱗湖 [유후인킨린코] 유후인
긴린코호수

7 だ ざい ふ
大宰府 [다자이후] 다자이후

8 かいひん
ももち海浜 [모모치카이힝] 모모치해변

9 なか す や たい
中洲屋台 [나카스야타이] 나카스야타이

10 あ そ さん
阿蘇山 [아소상] 아소산

11 お たるうん が
小樽運河 [오타루운가] 오타루운하

12 さっ ぽろ
札幌 [삿뽀로] 삿포로

13 ふ ら の
富良野 [후라노] 후라노

14 び えい
美瑛 [비에이] 비에이

1 하코다테
はこだて
函館

2 나가사키
ながさき
長崎

3 데지마
でじま
出島

4 사세보
さ せ ぼ
佐世保

5 나하
な は
那覇

6 아메리칸 빌리지
アメリカンビレッジ

7 가이유칸
かいゆうかん
海遊館

8 고쿠라성
こく ら じょう
小倉城

9 사쿠라지마
さくらじま
桜島

관련대화

A : 여기서 제일 재미있는 곳은 어디인가요?

　　　　　いちばん　　　　　　　　　　とこ
　ここで 一番 おもしろいところは 所ですか?
　코코데 이치방 오모시로이토코로와 토코데스카

B : 유후인에 한번 가보세요. 정말 아름다워요.

　ゆ ふ いん　　いち ど　い　　　　　　ほん とう　　うつく
　由布院に 一度 行ってください。本当に 美しいです。
　유후잉니 이치도 잇테쿠다사이. 혼-토-니 우츠쿠시-데스

A : 네, 꼭 가볼게요.

　　　　　ぜったい　い
　はい。絶対 行ってみます。
　하이. 젯타이 잇테미마스

はこだて
1 函館 [하코다테] **하코다테**
ながさき
2 長崎 [나가사키] **나가사키**
でじま
3 出島 [데지마] **데지마**
さ せ ぼ
4 佐世保 [사세보] **사세보**
な は
5 那覇 [나하] **나하**

6 アメリカンビレッジ [아메리칸비렛지]
아메리칸 빌리지
かいゆうかん
7 海遊館 [카이유-칸] **가이유칸**
こく ら じょう
8 小倉城 [코쿠라죠-] **고쿠라성**
さくらじま
9 桜島 [사쿠라지마] **사쿠라지마**

1 **가부키공연**

かぶきこうえん
歌舞伎公演

2 **노**

のう
能

3 **분라쿠**

ぶんらく
文楽

4 **우키요에**

うきよえ
浮世絵

5 **불꽃축제**

はなびまつ
花火祭り

6 **간다마츠리**

かんだまつり
神田祭

7 **기온마츠리**

ぎおんまつり
祇園祭

8 **텐진마츠리**

てんじんまつり
天神祭

9 **사쿠라마츠리**

さくらまつ
桜祭り

관련대화

A : 저는 일본의 전통공연 노를 좋아하는데 유명한 곳이 어디일까요?

わたし　にほん　でんとうこうえん　のう　す
私は 日本の 伝統公演の 能が 好きなんですけど、
ゆうめい
有名な ところは どこですか?

와타시와 니혼노 덴토우코-엔노 노-가 스키난데스케도, 유-메이나 토코로와 도코데스카

B : 노공연은 오사카가 유명합니다.

のうこうえん　おおさか　ゆうめい
能公演は 大阪が 有名です。

노-코-엔와 오-사카가 유-메이데스

관련단어

관객/청중	かんきゃく ちょうしゅう 観客/ 聴衆	칸캬쿠/쵸-슈-

かぶきこうえん
1 歌舞伎公演 [가부키코-엔] **가부키공연**
のう
2 能 [노-] **노**
ぶんらく
3 文楽 [분라쿠] **분라쿠**
うきよえ
4 浮世絵 [우키요에] **우키요에**
はなびまつ
5 花火祭り [하나비마츠리] **불꽃축제**

かんだまつり
6 神田祭 [칸다마츠리] **간다마츠리**
ぎおんまつり
7 祇園祭 [기온마츠리] **기온마츠리**
てんじんまつり
8 天神祭 [텐진마츠리] **텐진마츠리**
さくらまつ
9 桜祭り [사쿠라마츠리] **사쿠라마츠리**

아시아 アジア 아지아

1 대한민국(한국)
_{かん こく}
韓国

2 중국
_{ちゅうごく}
中国

3 일본
_{に ほん}
日本

4 대만
_{たい わん}
台湾

5 필리핀
フィリピン

6 인도네시아
インドネシア

7 인도
インド

8 파키스탄
パキスタン

9 우즈베키스탄
ウズベキスタン

10 카자흐스탄
カザフスタン

11 러시아
ロシア

12 몽골
モンゴル

13 태국
タイ

---

1 韓国 _{かん こく} [칸코쿠] 대한민국(한국)

2 中国 _{ちゅうごく} [츄-고쿠] 중국

3 日本 _{に ほん} [니혼] 일본

4 台湾 _{たい わん} [타이완] 대만

5 フィリピン [휘리핀] **필리핀**

6 インドネシア [인도네시아] **인도네시아**

7 インド [인도] **인도**

8 パキスタン [파키스탄] **파키스탄**

9 ウズベキスタン [우즈베키스탄] **우즈베키스탄**

10 カザフスタン [카자후스탄] **카자흐스탄**

11 ロシア [로시아] **러시아**

12 モンゴル [몬고루] **몽골**

13 タイ [타이] **태국**

1 스페인
スペイン

2 프랑스
フランス

3 포르투갈
ポルトガル

4 아이슬란드
アイスランド

5 스웨덴
スウェーデン

6 노르웨이
ノルウェー

7 핀란드
フィンランド

8 아일랜드
アイルランド

9 영국

英国/イギリス

10 독일
ドイツ

11 라트비아
ラトビア

12 벨라루스
ベラルーシ

13 우크라이나
ウクライナ

14 루마니아
ルーマニア

8

1 スペイン [스페인] **스페인**

2 フランス [후란스] **프랑스**

3 ポルトガル [포루토가르] **포르투갈**

4 アイスランド [아이스란도] **아이슬란드**

5 スウェーデン [스웨-덴] **스웨덴**

6 ノルウェー [노루웨-] **노르웨이**

7 フィンランド [힌란도] **핀란드**

8 アイルランド [아이루란도] **아일랜드**

9 英国 / イギリス [에이코쿠 / 이기리스]
영국

10 ドイツ [도이츠] **독일**

11 ラトビア [라도비아] **라트비아**

12 ベラルーシ [베라루-지] **벨라루스**

13 ウクライナ [우쿠라이나] **우크라이나**

14 ルーマニア [루-마니아] **루마니아**

¹ **이탈리아**
イタリア

² **그리스**
ギリシャ

북아메리카 北米/北アメリカ ^{ほくべい}^{きた} 호쿠베- / 키타 아메리카

³ **미국**
米国/アメリカ ^{べいこく}

⁴ **캐나다**
カナダ

⁵ **그린란드**
グリーンランド

남아메리카 南米/南アメリカ ^{なんべい}^{みなみ} 난베- / 미나미 아메리카

⁶ **멕시코**
メキシコ

⁷ **쿠바**
キューバ

⁸ **과테말라**
グアテマラ

⁹ **베네수엘라**
ベネズエラ

¹⁰ **에콰도르**
エクアドル

¹¹ **페루**
ペルー

¹² **브라질**
ブラジル

¹³ **볼리비아**
ボリビア

---

¹ イタリア [이타리아] **이탈리아**

² ギリシャ [기리샤] **그리스**

³ 米国 / アメリカ [베이코쿠 / 아메리카] ^{べいこく}
미국

⁴ カナダ [카나다] **캐나다**

⁵ グリーンランド [구린-란도] **그린란드**

⁶ メキシコ [메키시코] **멕시코**

⁷ キューバ [큐-바] **쿠바**

⁸ グアテマラ [구아테마라] **과테말라**

⁹ ベネズエラ [베네즈에라] **베네수엘라**

¹⁰ エクアドル [에쿠아도루] **에콰도르**

¹¹ ペルー [페루-] **페루**

¹² ブラジル [브라지루] **브라질**

¹³ ボリビア [보리비아] **볼리비아**

1 파라과이
パラグアイ

2 칠레
チリ

3 아르헨티나
アルゼンチン

4 우루과이
ウルグァイ

중동 中東 _{ちゅうとう} 츄-토우

5 터키(튀르키예)
トルコ

6 시리아
シリア

7 이라크
イラク

8 요르단
ヨルダン

9 이스라엘
イスラエル

10 레바논
レバノン

11 오만
オマーン

12 아프가니스탄
アフガニスタン

13 사우디아라비아
サウジアラビア

---

1 パラグアイ [파라구아이] **파라과이**

2 チリ [치리] **칠레**

3 アルゼンチン [아루젠친] **아르헨티나**

4 ウルグァイ [우루구아이] **우루과이**

5 トルコ [도루코] **터키(튀르키예)**

6 シリア [시리아] **시리아**

7 イラク [이라쿠] **이라크**

8 ヨルダン [요루단] **요르단**

9 イスラエル [이스라에루] **이스라엘**

10 レバノン [레바논] **레바논**

11 オマーン [오만-] **오만**

12 アフガニスタン [아후가니스탄] **아프가니스탄**

13 サウジアラビア [사우지아라비아] **사우디아라비아**

아프리카 アフリカ 아후리카

¹ **모로코**
モロッコ

² **알제리**
アルジェリア

³ **리비아**
リビア

⁴ **수단**
スーダン

⁵ **나이지리아**
ナイジェリア

⁶ **에티오피아**
エチオピア

⁷ **케냐**
ケニア

오세아니아 オセアニア 오세아니아

⁸ **오스트레일리아**
オーストラリア

⁹ **뉴질랜드**
ニュージーランド

¹⁰ **피지**
フィジー

1 モロッコ [모롯코] **모로코**

2 アルジェリア [아루제리아] **알제리**

3 リビア [리비아] **리비아**

4 スーダン [스-단] **수단**

5 ナイジェリア [나이제리아] **나이지리아**

6 エチオピア [에치오비아] **에티오피아**

7 ケニア [케니아] **케냐**

8 オーストラリア [오-스토라리아] **오스트레일리아**

9 ニュージーランド [뉴-지-란도] **뉴질랜드**

10 フィジー [휘지-] **피지**

Chapter 05
관광

A : 어느 나라에 가고 싶어요?

どの 国に 行きたいですか?

도노 쿠니니 이키타이데스카

B : 프랑스에 가고 싶어요.

フランスに 行きたいです。

후란스니 이키타이데스

A : 왜요?

どうして?

도우시테

B : 왜냐하면 프랑스에는 아름다운 건축물과 박물관이 많이 있기 때문입니다.

なぜならば フランスには 美しい 建物と 博物館が 多いからです。

나제나라와 후란스니와 우츠쿠시이 타테모노토 하쿠부츠칸가 오오이카라데스

국가	国家	콧카
인구	人口	진코쿠
수도	首都	슈토
도시	都会	토카이
시민	市民	시민
분단국가	分断国家	분단콧카
통일	統一	토-이츠
민주주의	民主主義	민슈슈기

사회주의	しゃかいしゅぎ 社会主義	샤카이슈기
공산주의	きょうさんしゅぎ 共産主義	쿄-상슈기
선진국	せんしんこく 先進国	센신코쿠
개발도상국	かいはつとじょうこく 開発途上国	카이하츠토죠-코쿠
후진국	こうしんこく 後進国	코-신코쿠
전쟁	せんそう 戦争	센소-
분쟁	ふんそう 紛争	훈소-
평화	へいわ 平和	헤이와
고향	ふるさと 故郷	후루사토
이민	いみん 移民	이민
태평양	たいへいよう 太平洋	타이헤-요우
대서양	たいせいよう 大西洋	타이세-요우
인도양	インドよう インド洋	인도요우
3대양	さんだいよう 三大洋	산다이요우
7대주	ななだいしゅう 七大州	나나다이슈-

1 로스앤젤레스
ロサンゼルス

2 뉴욕
ニューヨーク

3 워싱턴DC
ワシントンD.C.

4 샌프란시스코
サンフランシスコ

5 파리
パリ

6 런던
ロンドン

7 베를린
ベルリン

8 로마
ローマ

9 서울
ソウル

10 북경
<ruby>北京<rt>ぺ きん</rt></ruby>

11 도쿄
<ruby>東京<rt>とうきょう</rt></ruby>

12 상해
<ruby>上海<rt>しゃんはい</rt></ruby>

13 시드니
シドニー

---

1 ロサンゼルス [로산제루스] **로스앤젤레스**

2 ニューヨーク [뉴-요-쿠] **뉴욕**

3 ワシントンD.C. [와신톤디씨] **워싱턴DC**

4 サンフランシスコ [산후란시스코] **샌프란시스코**

5 パリ [파리] **파리**

6 ロンドン [론돈] **런던**

7 ベルリン [베루린] **베를린**

8 ローマ [로-마] **로마**

9 ソウル [소우루] **서울**

10 北京 [베킹] **북경**

11 東京 [토-쿄-] **도쿄**

12 上海 [샹하이] **상해**

13 シドニー [시도니-] **시드니**

A : 샌프란시스코에 가본 적 있어요?

サンフランシスコに 行ったことが ありますか?
산후란시스코니 잇타코토가 아리마스카

B : 네, 가본 적이 있어요.

はい、行ったことが あります。
하이, 잇타코토가 아리마스

아니요, 가본 적이 없어요.

いいえ、行ったことが ないです。
이이에, 잇타코토가 나이데스

A : 샌프란시스코는 어때요?

サンフランシスコは どうですか?
산후란시스코와 도우데스카

B : 너무 좋아요.

本当に 良いです。
혼토-니 이이데스

Part 3

비즈니스
단어

Chapter

01 경제

1 **값이 비싼**
ねだん たか
値段が 高い

2 **값이 싼**
ねだん やす
値段が 安い

3 **경기불황**
けいき ふきょう
景気不況

4 **경기호황**
こうけいき
好景気

5 **공급받다**
きょうきゅう う
供給を 受ける

6 **공급하다**
きょうきゅう
供給する

7 **고객/의뢰인**
きゃくさま い らいしゃ
お客様/依頼者

8 **낭비**
ろう ひ
浪費

9 **도산, 파산**
とう さん
倒産

---

1 値段が 高い [네단가 타카이] **값이 비싼**

2 値段が 安い [네단가 야스이] **값이 싼**

3 景気不況 [케이키후쿄-] **경기불황**

4 好景気 [코우케이키] **경기호황**

5 供給を 受ける [쿄-큐-오 우케루] **공급받다**

6 供給する [쿄-큐스루] **공급하다**

7 お客様 / 依頼者 [오캬쿠사마 / 이라이샤] **고객 / 의뢰인**

8 浪費 [로-히] **낭비**

9 倒産 [토-상] **도산, 파산**

1 불경기
ふ けい き
不景気

2 물가상승
ぶっ か じょうしょう
物価上昇

3 물가하락
ぶっ か げ らく
物価下落

4 돈을 벌다
かね
お金を もうける

5 무역수지 적자
ぼう えき しゅう し あか じ
貿易収支赤字

6 무역수지 흑자
ぼう えき しゅう し くろ じ
貿易収支黒字

7 상업광고
しょうぎょうこう こく
商業広告

8 간접광고(PPL)
かんせつこう こく
間接広告

9 제조/생산
せい ぞう せい さん
製造/生産

10 수입
ゆ にゅう
輸入

11 수출
ゆ しゅつ
輸出

12 중계무역
なか つぎ ぼう えき
中継貿易

---

1 ふ けい き
不景気 [후케이키] 불경기

2 ぶっ か じょうしょう
物価上昇 [붓카죠-쇼-] 물가상승

3 ぶっ か げ らく
物価下落 [붓카게라쿠] 물가하락

4 かね
お金を もうける [오카네오 모우케루] 돈을 벌다

5 ぼう えき しゅう し あか じ
貿易収支赤字 [보-에키슈-시아가지] 무역수지 적자

6 ぼう えき しゅう し くろ じ
貿易収支黒字 [보-에키슈-시쿠로지] 무역수지 흑자

7 しょうぎょうこう こく
商業広告 [쇼-교-코-코쿠] 상업광고

8 かんせつこう こく
間接広告 [칸세츠코-코쿠] 간접광고

9 せい ぞう せい さん
製造/生産 [세이조우 / 세이상] 제조 / 생산

10 ゆ にゅう
輸入 [유뉴-] 수입

11 ゆ しゅつ
輸出 [유슈츠] 수출

12 なか つぎ ぼう えき
中継貿易 [나카츠기보-에키] 중계무역

1 수수료

コミッション

2 이익

^{り えき}
利益

3 전자상거래

^{でん し しょうとり ひき}
電子商取引

4 투자하다

^{とう し}
投資する

관련대화

A : 전자상거래는 지금 완전히 포화상태인 거 같아요.

^{でん し しょうとり ひき} ^{いま ほう わ じょうたい} ^{おも}
電子商取引は 今 飽和状態にあると 思います。

뎅시쇼-토리히키와 이마 호우와죠-타이니아루토 오모이마스

B : 그렇죠. 전자상거래는 지금 완전히 레드오션이에요.

そうでしょう。^{でん し しょうとり ひき} 電子商取引は 今 ^{かんぜん} 完全に レッドオーシャンだと
^{おも}
思います。

소우데쇼-. 뎅시쇼-토리히키와 이마 칸젠니 렛도오-샨다토오모이마스

---

1 コミッション [코밋숀] **수수료**

2 ^{り えき} 利益 [리에키] **이익**

3 ^{でん し しょうとり ひき} 電子商取引 [뎅시쇼-토리히키] **전자상거래**

4 ^{とう し} 投資する [토우시스루] **투자하다**

독점권	独占権 どくせんけん	도쿠센켄
총판권	一手販売権 いってはんばいけん	잇테한바이켄
상표권	商標権 しょうひょうけん	쇼-효-켄
상표권침해	商標権侵害 しょうひょうけんしんがい	쇼-효-켄신가이
특허권	特許権 とっきょけん	톳쿄켄
저작권	著作権 ちょさくけん	쵸사쿠켄
저작권침해	著作権侵害 ちょさくけんしんがい	쵸사쿠켄신가이
특허권침해	特許権侵害 とっきょけんしんがい	톳쿄켄신가이
인증서	認証書 にんしょうしょ	닌쇼-쇼
해외법인	海外法人 かいがいほうじん	카이가이호-징
자회사	子会社 こがいしゃ	코가이샤
사업자등록증	事業者登録証 じぎょうしゃとうろくしょう	지교-샤토-로쿠쇼
오프라인	オフライン	오후라인
온라인	オンライン	온라인
레드오션전략	レッドオーシャン戦略 せんりゃく	렛도오-샨 센랴쿠
블루오션전략	ブルーオーシャン戦略 せんりゃく	부루-오-샨 센랴쿠
퍼플오션전략	パープルオーシャン戦略 せんりゃく	파-부루오-샨 센랴쿠
인플레이션	インフレーション(=インフレ)	인후레-숀(인후레)
디플레이션	デフレーション(=デフレ)	데후레-숀(데후레)
성공	成功 せいこう	세이코-
실패	失敗 しっぱい	싯파이
벼락부자	成金 なりきん	나리킨

Chapter 02 회사

Unit 01 직급9 지위

1 회장
かいちょう
会長

2 사장
しゃちょう
社長

3 부사장
ふくしゃちょう
副社長

4 부장
ぶ ちょう
部長

5 차장
じ ちょう
次長

6 과장
か ちょう
課長

7 대리
だい り
代理

8 주임
しゅ にん
主任

9 사원
しゃ いん
社員

10 상사
じょう し
上司

11 동료
どうりょう
同僚

---

1 会長 [카이쵸-] 회장
かいちょう

2 社長 [샤쵸-] 사장
しゃちょう

3 副社長 [후쿠샤쵸-] 부사장
ふくしゃちょう

4 部長 [부쵸-] 부장
ぶ ちょう

5 次長 [지쵸-] 차장
じ ちょう

6 課長 [가쵸-] 과장
か ちょう

7 代理 [다이리] 대리
だい り

8 主任 [슈닝] 주임
しゅ にん

9 社員 [샤잉] 사원
しゃ いん

10 上司 [죠-시] 상사
じょう し

11 同僚 [도-료-] 동료
どうりょう

1 부하

ぶ か
部下

2 신입사원

しんにゅうしゃ いん
新入社員

3 계약직

けい やく しゃ いん
契約社員

4 정규직

せい しゃ いん
正社員

💬 **관련대화**

A : 가와모토 과장, 승진을 축하합니다.

かわもと か ちょう しょうしん
川本 課長、昇進 おめでとう御座います。
ご ざ

카와모토 가쵸-, 쇼-싱 오메데토우고자이마스

B : 감사합니다. 모두 카네코상 덕분이에요.

ぜん ぶ かね こ
ありがとう。全部 金子さんの おかげです。

아리가토우. 젠부 카네코상노 오카게데스

💬 **관련단어**

임원	やくいん 役員	야쿠잉
고문	こ もん 顧問	코몬
중역	じゅうやく 重役	쥬-야쿠
전무	せん む 専務	센무
상무	じょう む 常務	죠우-무
대표	だいひょう 代表	다이효우

---

1 ぶ か
部下 [부카] **부하**

2 しんにゅうしゃ いん
新入社員 [신뉴-샤잉] **신입사원**

3 けい やくしゃ いん
契約社員 [케이야쿠샤잉] **계약직**

4 せい しゃ いん
正社員 [세이샤잉] **정규직**

1 구매부
こうばい ぶ
購買部

2 기획부
き かく ぶ
企画部

3 법무부
ほう む ぶ
法務部

4 연구개발부
けんきゅうかいはつ ぶ
研究開発部

5 관리부
かん り ぶ
管理部

6 회계부
かいけい ぶ
会計部

7 영업부
えいぎょう ぶ
営業部

8 인사부
じん じ ぶ
人事部

9 자금부
し きん ぶ
資金部

10 경영전략부
けいえいせんりゃく ぶ
経営戦略部

11 해외영업부
かいがいえいぎょう ぶ
海外営業部

---

1 こうばい ぶ
購買部 [코우바이부] **구매부**

2 き かく ぶ
企画部 [키카쿠부] **기획부**

3 ほう む ぶ
法務部 [호-무부] **법무부**

4 けんきゅうかいはつ ぶ
研究開発部 [켄큐-카이하츠부] **연구개발부**

5 かん り ぶ
管理部 [칸리부] **관리부**

6 かいけい ぶ
会計部 [카이케이부] **회계부**

7 えいぎょう ぶ
営業部 [에이교-부] **영업부**

8 じん じ ぶ
人事部 [징지부] **인사부**

9 し きん ぶ
資金部 [시킨부] **자금부**

10 けいえいせんりゃく ぶ
経営戦略部 [케이에이센랴쿠부] **경영전략부**

11 かいがいえいぎょう ぶ
海外営業部 [카이가이에이교부] **해외영업부**

1 ① **컴퓨터**

コンピューター

2 ② **본체**

ほんたい
本体

3 ③ **모니터**

モニター

4 ④ **마우스**

マウス

5 ⑤ **태블릿**

タブレット

6 ① **노트북**

ノートパソコン

7 ② **책상**

つくえ
机

8 ③ **서랍**

ひ　だ
引き出し

---

1 コンピューター [콘퓨-타-] **컴퓨터**

ほんたい
2 本体 [혼타이] **본체**

3 モニター [모니타-] **모니터**

4 マウス [마우스] **마우스**

5 タブレット [타부렛토] **태블릿**

6 ノートパソコン [노토파소콘] **노트북**

つくえ
7 机 [츠쿠에] **책상**

ひ　だ
8 引き出し [히키다시] **서랍**

235 ●

1 ④ 팩스
ファックス

2 ⑤ 복사기
コピー機

3 ⑥ 전화기
電話機

4 ⑦ A4용지
A4用紙

5 ⑧ 스캐너
スキャナー

6 ⑨ 계산기
計算機

7 ⑩ 공유기
アクセスポイント

8 ⑪ 일정표
日程表

9 ⑫ 테이블
テーブル

10 ⑬ 핸드폰
携帯電話

11 ⑭ 스마트폰
スマートフォン

관련대화

A : 컴퓨터가 아침부터 계속 안 되네요.

コンピューターが 朝から ずっと 使えません。
콘퓨-타-가 아사카라 즛토 츠카에마센

B : 재부팅해 보세요.

再起動 してみてください。
사이키도우 시테미테쿠다사이

---

1 ファックス [핫쿠스] 팩스

2 コピー機 [코피-키] 복사기

3 電話機 [덴와키] 전화기

4 A4用紙 [에이포요-시] A4용지

5 スキャナー [스캬나-] 스캐너

6 計算機 [케이상키] 계산기

7 アクセスポイント [아쿠세스포인토] 공유기

8 日程表 [닛테이효-] 일정표

9 テーブル [테-부루] 테이블

10 携帯電話 [케이타이뎅와] 핸드폰

11 スマートフォン [스마-토혼] 스마트폰

관련단어

재부팅	再起動 (さいきどう)	사이키도우
아이콘	アイコン	아이콘
커서	カーソル	카-소루
클릭	クリック	쿠릿쿠
더블클릭	ダブルクリック	다부루쿠리쿠
홈페이지	ホームページ	호무페-지
메일주소	メールアドレス	메-루아도레스
첨부파일	添付 (てんぷ) ファイル	텐푸햐이류
받은편지함	メールの受信箱 (じゅしんばこ)	메루노 쥬신바코
보낸편지함	メールの送信箱 (そうしんばこ)	메루노 소-신바코
스팸메일	スパムメール	스파무메-루
댓글	スレッド	스렛도
방화벽	ファイアウォール	화이아워-루

1 고용하다
やと
雇う

2 고용주
こ ようぬし
雇用主

3 임금/급여
ちんぎん きゅう よ
賃金/給与

4 수수료
て すうりょう
手数料

5 해고하다
かい こ
解雇する

6 인센티브
インセンティブ

7 승진
しょうしん
昇進

8 출장
しゅっちょう
出張

9 회의
かい ぎ
会議

10 휴가
やす
休み

11 출근
しゅっきん
出勤

12 퇴근
たいきん
退勤

13 조퇴
そうたい
早退

14 지각
ち こく
遅刻

15 잔업
ざんぎょう
残業

16 연봉
ねんぽう
年俸

17 이력서
り れきしょ
履歴書

18 가불
かりばら
仮払い

---

1 雇う [야토우] **고용하다**
2 雇用主 [코요우누시] **고용주**
3 賃金/給与 [친깅 / 큐-요] **임금 / 급여**
4 手数料 [테수-료-] **수수료**
5 解雇する [카이코 스루] **해고하다**
6 インセンティブ [인센티부] **인센티브**
7 昇進 [쇼-신] **승진**
8 出張 [슛쵸-] **출장**
9 会議 [가이기] **회의**

10 休み [야스미] **휴가**
11 出勤 [슛킹] **출근**
12 退勤 [타이킹] **퇴근**
13 早退 [소우타이] **조퇴**
14 遅刻 [치코쿠] **지각**
15 残業 [잔쿄-] **잔업**
16 年俸 [넹보-] **연봉**
17 履歴書 [리레키쇼] **이력서**
18 仮払い [카리바라이] **가불**

1 **은퇴**

<ruby>引退<rt>いんたい</rt></ruby>

2 **회식**

<ruby>会食<rt>かいしょく</rt></ruby>

😍 **관련대화**

A : 오늘 회식이니 모두 참석해주시기 바랍니다.

<ruby>今日<rt>きょう</rt></ruby>は <ruby>会食<rt>かいしょく</rt></ruby>が ありますので、<ruby>皆様<rt>みなさま</rt></ruby>ご<ruby>出席<rt>しゅっせき</rt></ruby>お<ruby>願<rt>ねが</rt></ruby>いします。

쿄-와 카이쇼쿠가 아리마스노데, 미나사마 고슛세키 오네가이시마스

B : 네, 알겠습니다.

はい、<ruby>分<rt>わ</rt></ruby>かりました。

하이, 와카리마시타

😍 **관련단어**

연금	<ruby>年金<rt>ねんきん</rt></ruby>	넹킹
보너스	ボーナス	보-나스
월급날	<ruby>月給日<rt>げっきゅうび</rt></ruby>	겟큐-비
아르바이트	アルバイト	아루바이토
급여인상	<ruby>給与引き上げ<rt>きゅうよひきあ</rt></ruby>	큐-요히키아게

---

1 <ruby>引退<rt>いんたい</rt></ruby> [인타이] **은퇴**

2 <ruby>会食<rt>かいしょく</rt></ruby> [가이쇼쿠] **회식**

Chapter

03 증권, 보험

1 **증권거래소**
かぶしき とり ひき じょ
株式取引所

2 **증권중개인**
かぶしき なかがいにん
株式仲買人

3 **주주**
かぶぬし
株主

4 **주식, 증권**
かぶしき　しょうけん
株式/証券

5 **배당금**
はい とう きん
配当金

6 **선물거래**
さき もの とり ひき
先物取引

7 **주가지수**
かぶ か し すう
株価指数

8 **장기채권**
ちょうき さいけん
長期債券

9 **보험계약자**
ほ けんけい やくしゃ
保険契約者

10 **보험회사**
ほ けんがいしゃ
保険会社

---

1 かぶしき とり ひきじょ
株式取引所 [가부시키토리히키쵸]
증권거래소

2 かぶしき なかがいにん
株式仲買人 [카부시키나카가이닝]
증권중개인

3 かぶぬし
株主 [가부누시] **주주**

4 かぶしき　しょうけん
株式 / 証券 [가부시키 / 쇼-켄] **주식 /
증권**

5 はいとうきん
配当金 [하이토-킹] **배당금**

6 さきものとりひき
先物取引 [사키모노토리히키] **선물거래**

7 かぶ か し すう
株価指数 [카부카시스-] **주가지수**

8 ちょうき さいけん
長期債券 [쵸-키사이켄] **장기채권**

9 ほ けんけい やくしゃ
保険契約者 [호켄케이야쿠샤] **보험계
약자**

10 ほ けんがいしゃ
保険会社 [호켄가이샤] **보험회사**

1 보험설계사
ほ けんがいこういん
保険外交員

2 보험에 들다
ほ けん　はい
保険に入る

3 보험증서
ほ けんしょうしょ
保険証書

4 보험약관
ほ けん やっかん
保険約款

5 보험료
ほ けんりょう
保険料

6 보상금
ほうしょうきん
報償金

7 피보험자
ひ ほ けんしゃ
被保険者

관련단어

보증양도증서	ほしょうじょう と しょうしょ 保証譲渡証書	호쇼-쬬-토쇼-쇼
파생상품	は せいしょうひん 派生商品	하세이쇼-힝
보험해약	ほ けんかい やく 保険解約	호켄가이야쿠
보험금	ほ けんきん 保険金	호켄킹
투자자	とう し か 投資家	토우시카
투자신탁	とう し しんたく 投資信託	토우시신타쿠
자산유동화	し さんりゅうどう か 資産流動化	시산료-도우카
유상증자	ゆうしょうぞう し 有償増資	유-쇼-조-시
무상증자	む しょうぞう し 無償増資	무쇼-조-시
주식액면가	かぶしき がくめん か 株式額面価	카부시키가쿠멘카
기관투자가	き かんとう し か 機関投資家	키칸토-시카

ほ けんがいこういん
1 保険外交員 [호켄가이코-잉] 보험설계사

ほ けんりょう
5 保険料 [호켄료-] 보험료

ほ けん　はい
2 保険に入る [호켄니하이루] 보험에 들다

ほうしょうきん
6 報償金 [호-쇼-킹] 보상금

ほ けんしょうしょ
3 保険証書 [호켄쇼-쇼] 보험증서

ひ ほ けんしゃ
7 被保険者 [히호켄샤] 피보험자

ほ けん やっかん
4 保険約款 [호켄약칸] 보험약관

Chapter

04 무역

1 물물교환
ぶつぶつこうかん
物物交換

2 구매자, 바이어
こうばいしゃ
購買者／バイヤー

3 클레임
クレーム

4 덤핑
ダンピング

5 수출
ゆしゅつ
輸出

6 수입
ゆにゅう
輸入

7 선적
せんせき
船籍

8 무역 보복
ぼうえきほうふく
貿易報復

9 주문서
ちゅうもんしょ
注文書

10 LC신용장
しんようじょう
LC信用状

11 관세
かんぜい
関税

1 부가(가치)세
付加税
_{ふ か ぜい}

2 세관
税関
_{ぜいかん}

3 포워더(세관중개인)
フォワーダー

4 보세구역
保税地域
_{ほ ぜい ち いき}

🏵 관련대화

A : 일본에는 화장품 위생허가(JFDA)가 있나요?

日本には 化粧品の 衛生許可が ありますか?
_{に ほん　　　 け しょうひん　 えいせいきょ か}

니혼니와 케쇼-힝노 에이세이쿄카가 아리마스카

B : 네 있어요.

はい、あります。

하이, 아리마스

🏵 관련단어

박리다매	薄利多売 _{はく り た ばい}	하쿠리다바이
컨테이너	コンテナ	콘테나
무역회사	貿易会社 _{ぼうえきかいしゃ}	보우에키카이샤
입찰	入札 _{にゅうさつ}	뉴-사츠
패킹리스트	パッキングリスト	팟킨구리스토
인보이스	インボイス	인보이스

---

1 付加税 _{ふ か ぜい} [후카제이] **부가(가치)세**

2 税関 _{ぜい かん} [제이칸] **세관**

3 フォワーダー [효와-다-] **포워더(세관중개인)**

4 保税地域 _{ほ ぜい ち いき} [호제이치이키] **보세구역**

Chapter

05 은행

1 신용장
しん ようじょう
信用状

2 주택담보대출
じゅうたくたん ぼ か だ
住宅担保貸し出し

3 이자
り し
利子

4 대출
か だ
貸し出し

5 입금
にゅうきん
入金

6 출금
しゅっきん
出金

7 통장
つうちょう
通帳

8 송금
そうきん
送金

9 현금인출기
げんきん し はら き
現金支払い機

10 수표
こ ぎって
小切手

---

1 しんようじょう
信用状 [신요-죠-] **신용장**

2 じゅうたくたん ぼ か だ
住宅担保貸し出し [쥬-타구탄포카시
다시] **주택담보대출**

3 り し
利子 [리시] **이자**

4 か だ
貸し出し [카시다시] **대출**

5 にゅうきん
入金 [뉴-킨] **입금**

6 しゅっきん
出金 [슛킨] **출금**

7 つうちょう
通帳 [츠-쵸-] **통장**

8 そうきん
送金 [소-킨] **송금**

9 げんきん し はら き
現金支払い機 [겐킹시하라이키] **현금
인출기**

10 こ ぎって
小切手 [코깃테] **수표**

1 온라인 송금
オンライン送金

2 외화송금
外貨送金

3 환전
両替

4 신용등급
信用格付け

A : 주택담보로 집을 사고 싶은데요.

住宅担保で 家を 買いたいんですけど。

쥬-타쿠탄보데 이에오 카이타인데스케도

B : 네 신용등급이 높아서 아마 괜찮겠는데요. 잠시만 기다려 보세요.

はい、信用格付けが 高いので大丈夫だと思います。

ちょっとお待ち いただけますか。

하이, 신요우카쿠즈케가 다카이노데 다이죠-부다토오모이마스. 촛토오마치 이타다케
마스카

---

1 オンライン送金 [온라인소-킨] 온라인
송금

2 外貨送金 [가이카소-킨] 외화송금

3 両替 [료-가에] 환전

4 信用格付け [신요-카쿠즈케] 신용등급

매매기준율	売買基準率 (ばいばい き じゅんりつ)	바이바이키쥰리츠
송금환율	送金為替 (そうきんかわ せ)	소우킨가와세
현찰살 때 환율	現金買い入れレート (げんきん か い)	겐킹카이이레레-토
현찰팔 때 환율	現金売り渡しレート (げんきん う わた)	겐킹우리와타시레-토
신용카드	クレジットカード	쿠레줏토 카-도
상환	償還 (しょうかん)	쇼-칸
연체	延滞 (えんたい)	엔타이
고금리	高金利 (こうきん り)	코-킹리
저금리	低金利 (ていきん り)	테이킹리
담보	担保 (たん ぽ)	탄포
주택저당증권	モーゲージ	모-게-지
채권	債券 (さいけん)	사이켄
계좌	口座 (こう ざ)	코우자
적금	積金 (つみきん)	츠미킹

컴팩트 단어장

Part 01. 일상생활 단어
Part 02. 여행 단어
Part 03. 비즈니스 단어

Part 1 일상생활 단어

Chapter 01. 개인소개

Unit 01 성별, 노소   22쪽

여자	女 (おんな)	온나
남자	男 (おとこ)	오토꼬
노인	老人 (ろうじん)	로―징
중년	中年 (ちゅうねん)	츄―넹
소년	少年 (しょうねん)	쇼―넹
소녀	少女 (しょうじょ)	쇼―죠
청소년	青少年 (せいしょうねん)	세이쇼―넹
임산부	妊産婦 (にんさんぷ)	닝산푸
어린이	子供 (こども)	꼬도모
미취학아동	幼児 (ようじ)	요우지
아기	赤子 (あかご)	아카고

Unit 02 가족   23쪽
친가

친할아버지	祖父(そふ) / おじいさん	소후 / 오지―상
친할머니	祖母(そぼ) / おばあさん	소보 / 오바―상
고모	父の姉妹(ちち しまい) / おばさん	치치노 시마이 / 오바상
고모부	父の姉妹の夫(ちち しまい おっと) / おじさん	치치노 시마이노 옷토 / 오지상
삼촌	叔父(しゅくふ) / おじさん	슈쿠후 / 오지상
숙모	叔父の妻(しゅくふ つま) / おばさん	슈쿠후노 츠마 / 오바상

아버지(아빠)	父(ちち) / お父(とう)さん	치치 / 오토―상
어머니(엄마)	母(はは) / お母(かあ)さん	하하 / 오카―상
사촌남자 형제	従兄弟(いとこ) / お兄(にい)さん	이토꼬 / 오니―상
사촌여자 형제	従姉妹(いとこ) / お姉(ねえ)さん	이토꼬 / 오네―상
나	私(わたし)	와타시

외가   24쪽

외할아버지	外祖父(がいそふ) / お祖父(じい)さん	가이소후 / 오지―상
외할머니	外祖母(がいそぼ) / お婆(ばあ)さん	가이소보 / 오바―상
외삼촌	叔父(しゅくふ) / おじさん	슈쿠후 / 오지상
외숙모	叔母(しゅくぼ) / おばさん	슈쿠보 / 오바상
이모	母の姉妹(はは しまい) / おばさん	하하노시마이 / 오바상
이모부	母の姉妹の夫(はは しまい おっと) / おじさん	하하노시마이노옷토 / 오지상
어머니(엄마)	母(はは) / お母(かあ)さん	하하 / 오카―상
아버지(아빠)	父(ちち) / お父(とう)さん	치치 / 오토―상
외사촌 남자 형제	従兄弟(いとこ) / お兄(にい)さん	이토꼬 / 오니―상

외사촌 여자 형제	従姉妹 / お姉さん	이토꼬 / 오네-상

직계   26쪽

아버지(아빠)	父 / お父さん	치치 / 오토-상
어머니(엄마)	母 / お母さん	하하 / 오카-상
언니 / 누나	姉 / お姉さん	아네 / 오네-상
형부 / 매형 (매부)	義理の兄	기리노아니
오빠 / 형	兄 / お兄さん	아니 / 오니-상
새언니 / 형수	義理の姉	기리노아네
남동생	弟 / 弟さん	오토-토 / 오토-토상
제수 / 올케	義理の妹	기리노이모-토
여동생	妹 / 妹さん	이모-토 / 이모-토상
제부 / 매제	義理の弟	기리노오토-토
나(부인)	私 / 婦人	와타시 / 후징
남편	主 / ご主人	옷토 / 고슈징
여자조카	姪	메이
남자조카	甥	오이
아들	息子	무스코
며느리	嫁	요메

딸	娘	무스메
사위	婿	무코
손자	孫	마고
손녀	孫娘	마고무스메

관련단어   28쪽

외동딸	一人娘	히토리무스메
외동아들	一人息子	히토리무스코
결혼하다	結婚する	겟콘스루
이혼하다	離婚する	리콘스루
신부	新婦	신뿌
신랑	新郎	신로우
면사포	ベール	베-루
약혼	婚約	콘야쿠
독신주의자	独身主義者	도쿠신슈기샤
과부	寡	야모메
기념일	記念日	키넹비
친척	親類	신루이

Unit 03 삶(인생)   29쪽

태어나다	生れる	우마레루
백일	百日	햐쿠니치
돌잔치	一歳の誕生日のお祝い	잇사이노탄조-비노오이와이
유년시절	幼少時代	요-쇼-지다이
학창시절	学生時代	각세이지다이
첫눈에 반하다	一目ぼれする	히토메보레스루

삼각관계	三角関係	산카쿠칸케-
이상형	理想のタイプ	리소-노타이프
사귀다	付き合う	츠키아우
연인	恋人	코이비토
여자친구	彼女	카노죠
남자친구	彼氏	카레시
이별	別れ	와카레
재회	再会	사이카이
청혼	求婚	큐-콘
약혼하다	婚約する	콘야쿠스루
결혼	結婚	겟콘
신혼여행	新婚旅行	신콘료코우
임신	妊娠	닝신
출산	出産	슛산
득남	男の子誕生	오토꼬노코 탄죠우
득녀	女の子誕生	온나노코 탄죠우
육아	育児	이쿠지
학부모	父兄	후케이
중년	中年	츄넹
노년	老年	로-넹
유언	遺言	유이콘
사망	死亡	시보우
장례식	葬式	소-시키
천국에 가다	天国に 逝く	덴고쿠니 이쿠

관련단어 30쪽

홀아비	男やもめ	오토코야모메
젊다	若い	와카이
늙다	老ける	후케루
기일	命日	메이니치

Unit 04 직업 31쪽

간호사	看護師	칸고시
약사	薬剤師	야쿠자이시
의사	医者	이샤
가이드	ガイド	가이도
선생님 / 교사	先生/ 教師	센세이 / 쿄-시
교수	教授	쿄-쥬
가수	歌手	카슈
음악가	音楽家	온가쿠카
화가	画家	가카
소방관	消防官	쇼우보우칸
경찰관	警察官	케이사츠칸
공무원	公務員	코-무인
요리사	料理人 (コック)	료-리닌 / 콧쿠
디자이너	デザイナー	데자이나-
승무원	客室乗務員	캬쿠시츠죠- 무잉
판사	判事	한지
검사	検事	켄지
변호사	弁護士	벤고시

사업가	事業家	지교우카	방송국PD	放送局プロデューサー	호-소-쿄쿠 프로듀-사-
회사원	会社員	카이샤잉	카메라맨	カメラマン	카메라망
학생	学生	각세-	예술가	アーティスト	아-티스토
운전기사	運転手	운텡슈	영화감독	映画監督	에이가칸토쿠
남자농부 / 여자농부	農夫 / 農婦	노-후 / 노-후	영화배우	映画俳優	에이가하이유-
가정주부	家庭の主婦	카테이노슈후	운동선수	運動選手	운도-센슈
작가	作家	삿카	목수	大工	다이쿠
정치가	政治家	세이지카	프리랜서	フリーランサー	후리-란사-
세일즈맨	セールスマン	세-류스망			
미용사	美容師	비요-시	**Unit 05 별자리**		**35쪽**
군인	軍人	궁징	양자리	牡羊座	오히츠지자
은행원	銀行員	긴코-인	황소자리	牡牛座	오-시자
엔지니어	エンジニア	엔지니아	쌍둥이자리	双子座	후타고자
통역원	通役員	츠-야쿠인	게자리	蟹座	카니자
비서	秘書	히쇼	사자자리	獅子座	시시자
회계사	会計士	카이케이시	처녀자리	乙女座	오토메자
이발사	理髪師	리하츠시	천칭자리	天秤座	뎅빙자
배관공	配管工	하이칸코-	전갈자리	蠍座	사소리자
수의사	獣医師	쥬-이시	사수자리	射手座	이테자
건축가	建築家	켄치쿠카	염소자리	山羊座	야기자
편집자	編集者	헨슈-샤	물병자리	水瓶座	미즈가메자
성직자	聖職者	세이쇼쿠샤	물고기자리	魚座	우오자
심리상담사	心理カウンセラー	신리카운세라-	**Unit 06 혈액형**		**36쪽**
형사(사법경찰)	刑事	케-지	A형	A型	에이가타
			B형	B型	비가타

O형	O型	오가타	친절해요	親切です	신세츠데스
AB형	AB型	에이비가타	당당해요	堂々としています	도-도-도시테이마스

피	血	치	야무져요	しっかりしています	식카리시테이마스
헌혈	献血	켄케츠	고상해요	上品です	죠-힝데스
혈소판	血小板	켓쇼우방	통이 커요	気前が いいです	키마에가 이이데스
혈관	血管	켁칸			
적혈구	赤血球	섹켁큐-	눈치가 빨라요	気が 利きます	키가 키키마스

쥐	鼠 / 子	네즈미 / 네	솔직해요	率直です	솟쵸쿠데스
소	牛 / 丑	우시 / 우시	적극적이에요	積極的です	섹쿄쿠데키데스
호랑이	虎 / 寅	토라 / 토라	사교적이에요	社交的です	샤코우데키데스
토끼	兎 / 卯	우사기 / 우	꼼꼼해요	細かいです	고마카이데스
용	竜 / 辰	타츠 / 타츠	덜렁거려요	そそっかしいです	소솟카시이데스
뱀	蛇 / 巳	헤비 / 미	겁쟁이에요	怖がりです	고와가리데스
말	馬 / 午	우마 / 우마	보수적이에요	保守的です	호슈테키데스
양	羊 / 未	히츠지 / 히츠지	개방적이에요	開放的です	카이호우테키데스
원숭이	猿 / 申	사루 / 사루	뻔뻔해요	厚かましいです	아츠카마시이데스
닭	鶏 / 酉	토리 / 토리	심술궂어요	意地悪です	이지와루데스
개	犬 / 戌	이누 / 이누	긍정적이에요	肯定的です	고우테이테키데스
돼지	猪 / 亥	이노시시 / 이	부정적이에요	否定的です	히테이테키데스

명랑해요	明るいです	아카루이데스	다혈질이에요	短気です	탄키데스
상냥해요	優しいです	야사시이데스			

냉정해요	冷静です	레이세이데스	
허풍쟁이에요	ほら吹きです	호라후키데스	
소심해요	気が小さいです	키가 치이사이데스	
소극적이에요	消極的です	쇼-쿄쿠테키데스	
자애로워요	慈しみ深いです	이츠쿠시미부카이데스	
겸손해요	謙遜します	켄손시마스	
진실돼요	真実です	신지츠데스	
동정심이 많아요	情け深いです	나사케 부카이데스	
인정이 많아요	情が厚いです	죠-가 아츠이데스	
버릇없어요	行儀が悪いです	교-기가 와루이데스	
잔인해요	惨いです	무고이데스	
거만해요	傲慢です	고-만데스	
유치해요	幼いです	오사나이데스	
내성적이에요	内向的です	나이코-테키데스	
외향적이에요	外向的です	가이코-테키데스	

관련단어 41쪽

성향	性向	세이코-	
기질	気質	키시츠	
울화통	癇癪玉	칸샤쿠다마	
(울화통이 터지다)	癇癪起こす。	칸샤쿠 오코스	

성격	性格	세이카쿠	
인격	人格	진카쿠	
장점	長所	쵸-쇼	
태도	態度	타이도	
관계	関係	칸케이	
말투	言葉遣い	코토바즈카이	
표준어	標準語	효쥰고	
사투리	方言	호-겐	

Unit 09 종교 42쪽

천주교	天主教	텡슈쿄-	
기독교	キリスト教	키리스토쿄-	
불교	仏教	북쿄-	
이슬람교	イスラム教	이스라무쿄-	
유대교	ユダヤ教	유다야쿄-	
무교	無教	무쿄-	
도교	道教	도-쿄-	

관련단어 43쪽

성당	天主堂	텡슈도-	
교회	教会	쿄-카이	
절	寺	테라	
성서 / 성경	聖書/聖経	세-쇼/세이쿄-	
경전	経典	쿄-텐	
윤회	輪廻	린네	
전생	転生	텐쇼-	

성모마리아	聖母マリア	세이보마리아	등	背中	세나카
예수	イエス	이에스	머리카락	髪の毛	카미노케
불상	仏像	부츠조―	팔	腕	우데
부처	仏	호토케	허리	腰	코시
종교	宗教	슈―코―	엉덩이	お尻	오시리
신부	神父	신푸	발목	足首	아시쿠비
수녀	修女	슈―죠	(턱)수염	顎鬚	아고히게
승려	僧	소―	구레나룻	頬鬚	호오히게
목사	牧師	보쿠시	눈꺼풀	目蓋	마부타
			콧구멍	鼻孔	비코우

Chapter 02. 신체

Unit 01 신체명   44쪽

머리	頭	아타마	턱	顎	아고
눈	目	메	눈동자	瞳	히토미
코	鼻	하나	목구멍	喉	노도
입	口	쿠치	볼 / 뺨	頬	호오
이	歯	하	배꼽	臍	헤소
귀	耳	미미	손톱	爪	츠메
목	首	쿠비	손목	手首	테쿠비
어깨	肩	카타	손바닥	手のひら	테노히라
가슴	胸	무네	혀	舌	시타
배	腹	하라	피부	肌	하다
손	手	테	팔꿈치	肘	히지
다리	足	아시	갈비뼈	肋骨	록코츠
무릎	膝	히자	고막	鼓膜	코마쿠
발	足	아시	달팽이관	蝸牛管	카규―칸
			뇌	脳	노우
			폐	肺	하이

간	肝	키모	당뇨병	糖尿病	도-뇨-뵤-
심장	心臓	신조우	생리통	生理痛	세이리츠-
다리뼈	大腿骨	다이타이코츠	알레르기	アレルギー	아레루기-
근육	筋肉	킨니쿠	심장병	心臓病	신조-뵤-
위	胃	이	맹장염	盲腸炎	모-쵸-엔
대장	大腸	다이쵸우	위염	胃炎	이엔
식도	食道	쇼쿠도우	감기	風邪	카제

관련단어   **47쪽**

건강하다	健康だ	켄코우다
근시	近視	킨시
난시	乱視	란시
대머리	はげ頭	하게아타마
동맥	動脈	도-먀쿠
정맥	静脈	죠-먀쿠
맥박	脈	먀쿠
체중	体重	타이쥬-
세포	細胞	사이보-
소화하다	熟す	코나스
시력	視力	시료쿠
주름살	しわ	시와
지문	指紋	시몬

Unit 02 병명   **48쪽**

천식	喘息	젠소쿠
고혈압	高血圧	고-케츠아츠
소화불량	消化不良	쇼-카후료-

배탈	腹痛	후쿠츠-
설사	下痢	게리
장티푸스	腸チフス	쵸-치후스
결핵	結核	켁카쿠
고산병	高山病	코-잔뵤-
광견병	狂犬病	쿄-켄뵤-
뎅기열	デング熱	뎅구네츠
저체온증	低体温症	테이타이온쇼-
폐렴	肺炎	하이엔
식중독	食中毒	쇼쿠츄-도쿠
기관지염	気管支炎	키칸시엔
열사병	熱射病	렛샤뵤-
치통	歯痛	하이타
간염	肝炎	칸엔
고열	高熱	코-네츠
골절	骨折	콧세츠
기억상실증	記憶喪失	기오쿠소-시츠
뇌졸중	脳卒中	노-솟츄-

독감	インフルエンザ	인후루엔자
두통	頭痛	즈츠─
마약중독	麻薬中毒	마야쿠츄─ 도쿠
불면증	不眠症	후민쇼─
비만	肥満	히만
거식증	拒食症	쿄쇼쿠쇼─
우두	牛痘	규─토우
암	癌	간
천연두	天然痘	텐넨토─
빈혈	貧血	힌케츠

관련단어 50쪽

가래	痰	탄
침	唾	츠바키
열	熱	네츠
여드름	にきび	니키비
블랙헤드	ブラックヘッド	브랏쿠헷도
알레르기 피부	アトピー皮膚	아토피─히후
콧물	鼻水	하나미즈
눈물	涙	나미다
눈곱	目糞	메쿠소
치질	痔疾	지시츠
모공	毛穴	케아나
각질	角質	카쿠시츠
피지	皮脂	히시

| 코딱지 | 鼻糞 | 하나쿠소 |

Unit 03 약명 52쪽

아스피린	アスピリン	아스피린
소화제	消化剤	쇼─카자이
위장약	胃腸薬	이쵸─야쿠
반창고	絆創膏	반소─코─
수면제	睡眠薬	스이민야쿠
진통제	鎮痛剤	친츠─자이
해열제	解熱剤	게네츠자이
멀미약	酔い止め	요이도메
청심환	日水清心丸	닛스이세─ 신간
기침약	咳止め	세키도메
지혈제	止血剤	시케츠자이
탈수방지약	脱水防止薬	닷스이보─시 야쿠
소염제	消炎剤	쇼─엔자이
소독약	消毒薬	쇼─도쿠야쿠
변비약	便秘薬	벤피야쿠
안약	目薬	메구스리
붕대	包帯	호─타이
설사약	下痢止め	게리도메
감기약	風邪薬	카제구스리
비타민	ビタミン	비타민
영양제	栄養剤	에이요─자이
무좀약	水虫薬	미즈무시구 스리

관련단어			53쪽
건강검진	健康診断 <small>けんこうしんだん</small>	켄코우신단	
내과의사	内科医 <small>ないかい</small>	나이카이	
노화	老化 <small>ろうか</small>	로一카	
면역력	免疫力 <small>めんえきりょく</small>	멘에키료쿠	
백신(예방)접종	予防 接種 <small>よぼう せっしゅ</small>	요보우 셋슈	
병실	病室 <small>びょうしつ</small>	뵤一시츠	
복용량	服用量 <small>ふくようりょう</small>	후쿠요一료一	
부상	負傷 <small>ふしょう</small>	후쇼一	
부작용	副作用 <small>ふくさよう</small>	후쿠사요一	
산부인과 의사	産科医 <small>さんかい</small>	산카이	
낙태	堕胎 <small>だたい</small>	다타이	
소아과 의사	小児科の医者 <small>しょうにか いしゃ</small>	쇼一니카노이샤	
식욕	食欲 <small>しょくよく</small>	쇼쿠요쿠	
식이요법	食療法 <small>しょくりょうほう</small>	쇼쿠료一호우	
수술	手術 <small>しゅじゅつ</small>	슈쥬츠	
외과의사	外科医者 <small>げかいしゃ</small>	게카이샤	
치과의사	歯科医 <small>しかい</small>	시카이	
약국	薬局 <small>やっきょく</small>	약쿄우	
의료보험	医療保険 <small>いりょうほけん</small>	이료一호켄	
이식하다	移植する <small>いしょく</small>	이쇼쿠스루	
인공호흡	人工呼吸 <small>じんこう こきゅう</small>	진코우코큐一	
종합병원	総合病院 <small>そうごうびょういん</small>	소一고一뵤一잉	
침술	針術 <small>はりじゅつ</small>	하리쥬츠	

중환자실	集中治療室 <small>しゅうちゅう ち りょうしつ</small>	슈一츄一치료一시츠
응급실	応急室 <small>おうきゅうしつ</small>	오一큐一시츠
처방전	処方箋 <small>しょほうせん</small>	쇼호一센
토하다	吐く <small>は</small>	하쿠
어지러운	目くらむ <small>め</small>	메쿠라무
속이 메스�껍다	むかつく	무카츠쿠

Unit 04 생리현상   55쪽

트림	げっぷ	겟푸
재채기	くしゃみ	쿠샤미
한숨	ため息 <small>いき</small>	타메이키
딸꾹질	しゃっくり	샥쿠리
하품	あくび	아쿠비
눈물	涙 <small>なみだ</small>	나미다
대변	大便 <small>だいべん</small>	다이벤
방귀	おなら	오나라
소변	小便 <small>しょうべん</small>	쇼一벤

Chapter 03. 감정, 행동 표현
Unit 01 감정   56쪽

사랑해요	愛してます <small>あい</small>	아이시테마스
통쾌해요	痛快してます <small>つうかい</small>	츠一카이시테마스
흥분했어요	興奮してます <small>こうふん</small>	코一훈시테마스
재미있어요	面白いです <small>おもしろ</small>	오모시로이데스
행복해요	幸せです <small>しあわ</small>	시아와세데스

즐거워요	楽しいです	타노시이데스
좋아요	いいです	이이데스
기뻐요	うれしいです	우레시이데스
힘이 나요	元気が 出ます	겐키가 데마스
뿌듯해요	胸がいっぱいです	무네가 잇빠이데스
짜릿해요	じいんときます	지인토키마스
감격했어요	感激しました	칸게키시마시타
부끄러워요	恥ずかしいです	하즈카시이데스
난처해요	困ります	코마리마스
외로워요	寂しいです	사비시이데스
재미없어요	面白くないです	오모시로쿠나이데스
화났어요	怒ります	오코리마스
무서워요	怖いです	코와이데스
불안해요	不安です	후안데스
피곤해요	疲れます	츠카레마스
싫어요	悪いです	와루이데스
불쾌해요	不快です	후카이데스
괴로워요	苦しいです	쿠루시이데스
지루해요	退屈です	타이쿠츠데스
슬퍼요	悲しいです	카나시이데스
억울해요	悔しいです	쿠야시이데스
비참해요	惨めです	미지메데스
짜증나요	むかつきます	무카츠키마스

초초해요	いらいらします	이라이라시마스
무기력해요	無気力です	무키료쿠데스
부담스러워요	負担に感じます	후탄니 칸지마스
놀랐어요	驚きます	오도로키마스
고마워요	ありがとうございます	아리가토우고자이마스
행운을 빕니다	幸運を祈ります	고-운오 이노리마스
질투나요	嫉妬する	싯토스루

Unit 02 칭찬   59쪽

멋져요	素敵です	스테키데스
훌륭해요	立派です	릿파데스
굉장해요	素晴らしいです	스바라시이데스
대단해요	凄いです	스고이데스
귀여워요	可愛いです	카와이이데스
예뻐요	きれいです	키레이데스
아름다워요	美しいです	우츠쿠시이데스
최고예요	最高です	사이코-데스
참 잘했어요	とても 上手です	토테모 죠-즈데스

Unit 03 행동   60쪽

세수하다	顔を 洗う	카오오 아라우
청소하다	掃除する	소-지 스루

자다	寝る	네루	놀다	遊ぶ	아소부
일어나다	起きる	오키루	일하다	働く	하타라쿠
빨래하다	洗濯する	센타쿠스루	웃다	笑う	와라우
먹다	食べる	타베루	울다	泣く	나쿠
마시다	飲む	노무	나오다	出る	데루
요리하다	料理する	료-리스루	들어가다	入る	하이루
설거지하다	皿を 洗う	사라오 아라우	묻다	尋ねる	타즈네루
양치질하다	嗽を する	우가이오 스루	대답하다	答える	고타에루
샤워하다	シャワーを 浴びる	샤와-오 아비루	멈추다	止まる	토마루
옷을 입다	服を 着る	후쿠오 키루	움직이다	動く	우고쿠
옷을 벗다	服を 脱ぐ	후쿠오 누구	올라가다	上がる	아가루
쓰레기를 버리다	ごみを 捨てる	고미오 스테루	내려가다	下りる	오리루
창문을 열다	窓を 開ける	마도오 아케루	박수치다	手を たたく	데오 타타쿠
창문을 닫다	窓を 閉める	마도오 시메루	찾다	探す	사가스
불을 켜다	明を ともす	아카리오 토모스	흔들다	振る	후루
불을 끄다	明を 消す	아카리오 케스	춤추다	踊る	오도루
오다	来る	쿠루	뛰어오르다	跳ねる	하네루
가다	行く	이쿠	넘어지다	倒れる	타오레루
앉다	座る	스와루	읽다	読む	요무
서다	立つ	타츠	싸우다	争う	아라소우
걷다	歩く	아루쿠	말다툼하다	口げんかする	쿠치겐카스루
달리다	走る	하시루	인사	挨拶	아이사츠
			대화	対話	타이와
			쓰다	書く	카쿠
			던지다	投げる	나게루
			잡다	つかむ	츠카무

관련단어		**63쪽**
격려하다	励ます はげ	하게마스
존경하다	敬う うやま	우야마우
지지하다	支持する し じ	시지스루
주장하다	主張する しゅちょう	슈쵸-스루
추천하다	推薦する すいせん	스이센스루
경쟁하다	張合う は り あ	하리아우
경고하다	警告する けいこく	케이코쿠스루
설득하다	説く と	토쿠
찬성하다	賛する さん	산스루
반대하다	反対する はんたい	한타이스루
재촉하다	急かせる せ	세카세루
관찰하다	観察する かんさつ	칸사츠스루
상상하다	思い浮かべる おも う	오모이우카베루
기억하다	憶える おぼ	오보에루
후회하다	悔いる く	쿠이루
신청하다	申し込む もう こ	모-시코무
약속하다	約束する やくそく	야쿠소쿠스루
논평하다	論評する ろんぴょう	론표-스루
속삭이다	囁く ささや	사사야쿠
허풍을 떨다	法螺を吹く ほ ら ふ	호라오 후쿠

Unit 04 인사   **65쪽**

안녕하세요	お元気ですか げん き	오겡키데스카
아침인사	おはようございます	오하요우고자이마스

점심인사	こんにちは	콘니치와
저녁인사	こんばんは	콘방와
처음 뵙겠습니다	はじめまして	하지메마시테
잘 부탁드립니다	どうぞ よろしくお願いします ねが	도-죠 요로시쿠 오네가이시마스
잘 지내셨어요	お元気でいらっしゃいましたか げん き	오겐키데 이랏샤이마시타카
만나서 반갑습니다	お会いできて うれしいです あ	오아이데키테 우레시이데스
오랜만이에요	お久しぶりです ひさ	오히사시부리데스
안녕히 가세요	さようなら	사요-나라
또 만나요	また会いましょう あ	마타아이마쇼-
안녕히 주무세요	おやすみなさい	오야스미나사이

Unit 05 축하   **67쪽**

생일 축하합니다	お誕生日おめでとうございます たんじょう び	오탄조비 오메데토-고자이마스
결혼 축하합니다	ご結婚おめでとうございます けっこん	고켁콘 오메데토-고자이마스
합격 축하합니다	合格おめでとうございます ごうかく	고-카쿠 오메데토-고자이마스

졸업 축하합니다	ご卒業おめでとうございます	고소츠교- 오메데토-고자이마스
명절 잘 보내세요	よい お休みを過ごしてください	요이 오야스미오 스고시테쿠다사이
새해 복 많이 받으세요	明けましておめでとうございます	아케마시테 오메데토-고자이마스
메리크리스마스	メリークリスマス	메리-쿠리스마스
개업 축하합니다	ご開業おめでとうございます	고카이교- 오메데토-고자이마스

Chapter 04. 교육

Unit 01 학교 68쪽

유치원	幼稚園	요-치엔
초등학교	小学校	쇼-각코-
중학교	中学校	츄-각코-
고등학교	高等学校	코-토-각코-
대학교	大学	다이카쿠
학사	学士	가쿠시
석사	修士	슈-시
박사	博士	하카세
대학원	大学院	다이가쿠잉

관련단어 69쪽

| 학원 | 塾 | 쥬쿠 |

공립학교	公立学校	코-리츠각코-
사립학교	私立学校	시리츠각코-
교장	校長	코-쵸-
학과장	学科長	각카쵸-
신입생	新入生	신뉴-세이
학년	学年	가쿠넹

Unit 02 학교시설 70쪽

교정	校庭	코-테이
교문	校門	코-몬
운동장	運動場	운도-죠-
교장실	校長室	코-쵸-시츠
사물함	ロッカー	롯카-
강의실	講義室	코-기시츠
화장실	トイレ	토이레
교실	教室	쿄-시츠
복도	廊下	로-카
도서관	図書館	토쇼칸
식당	食堂	쇼쿠도우
기숙사	寮	료-
체육관	体育館	타이이쿠칸
매점	売店	바이텡
교무실	教務室	코-무시츠
실험실	実験室	짓켄시츠

Unit 03 교과목 72쪽

일본어	日本語 (にほんご)	니혼고
영어	英語 (えいご)	에이고
중국어	中国語 (ちゅうごくご)	츄ー고쿠고
철학	哲学 (てつがく)	테츠가쿠
문학	文学 (ぶんがく)	분가쿠
수학	数学 (すうがく)	스우가쿠
경제	経済 (けいざい)	케ー자이
상업	商業 (しょうぎょう)	쇼ー교ー
기술	技術 (ぎじゅつ)	기쥬츠
지리	地理 (ちり)	치리
건축	建築 (けんちく)	켄치쿠
생물	生物 (せいぶつ)	세이부츠
화학	化学 (かがく)	카가쿠
천문학	天文学 (てんもんがく)	텐몬가쿠
역사	歴史 (れきし)	레키시
법률	法律 (ほうりつ)	호ー리츠
정치학	政治学 (せいじがく)	세이지가쿠
사회학	社会学 (しゃかいがく)	샤카이가쿠
음악	音楽 (おんがく)	온가쿠
체육	体育 (たいいく)	타이이쿠
윤리	倫理 (りんり)	린리
물리	物理 (ぶつり)	부츠리
받아쓰기	聞き取り (ききとり)	키키토리
중간고사	中間試験 (ちゅうかんしけん)	츄ー칸시켄
기말고사	期末試験 (きまつしけん)	키마츠시켄
장학금	奨学金 (しょうがくきん)	쇼ー가쿠킨
입학	入学 (にゅうがく)	뉴ー가쿠
졸업	卒業 (そつぎょう)	소츠교ー
숙제	宿題 (しゅくだい)	슈쿠다이
시험	試験 (しけん)	시켄
논술	論述 (ろんじゅつ)	론쥬츠
채점	採点 (さいてん)	사이텐
전공	専攻 (せんこう)	센코ー
학기	学期 (がっき)	각키
등록금	登録金 (とうろくきん)	토ー로쿠킨
컨닝	カンニング	칸닌구

Unit 04 학용품 77쪽

공책(노트)	筆記帳 (ひっきちょう) / ノート	힉키쵸ー / 노ー토
지우개	消しゴム (けしゴム)	케시고무
볼펜	ボールペン	보ー루펜
연필	鉛筆 (えんぴつ)	엔비츠
노트북	パソコン	파소콘
책	本 (ほん)	혼
칠판	黒板 (こくばん)	코쿠방
칠판지우개	黒板ふき (こくばんふき)	코쿠방후키
필통	ふでばこ	후데바코
샤프	シャープペン	샤ー푸펜
색연필	色鉛筆 (いろえんぴつ)	이로엔피츠
압정	画鋲 (がびょう)	가뵤ー
만년필	万年筆 (まんねんひつ)	만넹히츠

클립	クリップ	쿠릿푸
연필깎이	鉛筆削り	엔피츠케즈리
크레파스	クレヨン	쿠레용
화이트	修正ペン	슈-세이펜
가위	鋏	하사미
풀	糊	노리
물감	えのぐ	에노구
잉크	インク	인쿠
자	定規	죠-기
스테이플러	ホッチキス	홋치키스
스케치북	スケッチブック	스켓치부쿠
샤프심	シャープペンシルの芯	샤-푸펜시루노싱
칼	カッターナイフ	캇타-나이후
파일	ファイル	햐이루
매직펜	マジックペン	마직쿠펜
사인펜	サインペン	사인펜
형광펜	蛍光ペン	케-코-펜
테이프	テープ	테-푸
콤파스	コンパス	콘파스

Unit 05 부호   79쪽

더하기	足す / プラス	타스 / 프라스
빼기	引く / マイナス	히쿠 / 마이나스
나누기	分け	와케

곱하기	掛ける	카케루
크다 / 작다	大きい / 小さい	오오키이 / 츠이사이
같다	同じ	오나지
마침표	終止符	슈-시후
느낌표	感嘆符	칸탄후
물음표	疑問符	기몬후
하이픈	ハイフン	하이훈
콜론	コロン	코론
세미콜론	セミコロン	세미코론
따옴표	引用符	잉요-후
생략기호	省略記号	쇼-랴쿠키고-
at / 골뱅이	アットマーク	앗토마-쿠
루트	ルート	루-토
슬러쉬	スラッシュ	스랏슈

Unit 06 도형   81쪽

정사각형	正四角形	세이시카쿠케-
삼각형	三角形	산카쿠케-
원	丸	마루
사다리꼴	台形	다이케-
원추형	円錐形	엔스이케-
다각형	多角形	타카쿠케-
부채꼴	扇形	오-기가타
타원형	楕円形	다엔케-

육각형	六角形	롯카쿠케-	
오각형	五角形	고카쿠케-	
원기둥	円柱	엔츄-	
평행사변형	平行四辺形	헤이코-시헨케-	
각뿔	角錐	칵스이	

Unit 07 숫자 83쪽

영	零 / ゼロ	레이 / 제로
하나	一	이치
둘	二	니
셋	三	산
넷	四	시/욘
다섯	五	고
여섯	六	로쿠
일곱	七	시치/ 나나
여덟	八	하치
아홉	九	큐-
열	十	쥬-
이십	二十	니쥬-
삼십	三十	산쥬-
사십	四十	욘쥬-
오십	五十	고쥬-
육십	六十	로쿠쥬-
칠십	七十	나나쥬-
팔십	八十	하치쥬-
구십	九十	큐-쥬-

백	百	햐쿠
천	千	센
만	万	만
십만	十万	쥬-만
백만	百万	햐쿠만
천만	千万	센만
억	億	오쿠
조	兆	쵸-

Unit 08 수사 85쪽

명	名	메이
마리(작은 동물)	匹	히키, 비키, 피키
마리(큰 동물)	頭	토-
개	個	코
잔	杯	하이, 바이, 파이
병	瓶	빙
장	枚	마이
권	冊	사츠
대(기계나 가전제품)	台	다이
층	階	카이, 가이
채(집을 세는 단위)	軒	켄
개(길쭉한 것)	本	본, 혼

Chapter 05. 계절/월/요일

Unit 01 계절 86쪽

봄	春 ^{はる}	하루
여름	夏 ^{なつ}	나츠
가을	秋 ^{あき}	아키
겨울	冬 ^{ふゆ}	후유

Unit 02 요일 87쪽

월요일	月曜日	게츠요-비
화요일	火曜日	카요-비
수요일	水曜日	스이요-비
목요일	木曜日	모쿠요-비
금요일	金曜日	킹요-비
토요일	土曜日	도요-비
일요일	日曜日	니치요-비

Unit 03 월 88쪽

1월	一月	이치가츠
2월	二月	니가츠
3월	三月	산가츠
4월	四月	시가츠
5월	五月	고가츠
6월	六月	로쿠가츠
7월	七月	시치가츠
8월	八月	하치가츠
9월	九月	쿠가츠
10월	十月	쥬-가츠
11월	十一月	쥬-이치가츠
12월	十二月	쥬-니가츠

Unit 04 일 89쪽

1일	一日	츠이타치
2일	二日	후츠카
3일	三日	믹카
4일	四日	욕카
5일	五日	이츠카
6일	六日	무이카
7일	七日	나노카
8일	八日	요우카
9일	九日	코코노카
10일	十日	토오카
11일	十一日	쥬-이치니치
12일	十二日	쥬-니니치
13일	十三日	쥬-산니치
14일	十四日	쥬-욕카
15일	十五日	쥬-고니치
16일	十六日	쥬-로쿠니치
17일	十七日	쥬-시치니치
18일	十八日	쥬-하치니치
19일	十九日	쥬-쿠니치
20일	二十日	하츠카
21일	二十一日	니쥬-이치니치
22일	二十二日	니쥬-니니치

23일	二十三日 ^{に じゅうさんにち}	니쥬ー산니치
24일	二十四日 ^{に じゅうよっ か}	니쥬ー욕카
25일	二十五日 ^{に じゅう ご にち}	니쥬ー고니치
26일	二十六日 ^{に じゅうろくにち}	니쥬ー로쿠니치
27일	二十七日 ^{に じゅうしちにち}	니쥬ー시치니치
28일	二十八日 ^{に じゅうはちにち}	니쥬ー하치니치
29일	二十八日 ^{に じゅうはちにち}	니쥬ー쿠니치
30일	三十日 ^{さんじゅうにち}	산쥬ー니치
31일	三十一日 ^{さんじゅういちにち}	산쥬ー이치니치

관련단어 90쪽

달력	カレンダー	카렌다ー
다이어리	ダイアリー	다이아리ー
건국기념일	建国記念の日 ^{けんこく き ねん ひ}	켄코쿠키넹노히
춘분	春分 ^{しゅんぶん}	슌붕
추분	秋分 ^{しゅうぶん}	슈ー붕
골든위크	ゴールデンウィーク	고ー루덴위ー쿠

* 골든위크 : 4월 말에서 5월 초에 걸친, 1년 중 휴일이 가장 많은 주간; 황금 주간

쇼와의날 (천황탄신일)	昭和の日 ^{しょう わ ひ}	쇼ー와노히
녹색의 날	みどりの日 ^ひ	미도리노히
성년의 날	成人の日 ^{せいじん ひ}	세이징노히

Unit 05 시간 92쪽

새벽	夜明け ^{よ あ}	요아케
아침	朝 ^{あさ}	아사
오전	午前 ^{ご ぜん}	고젠
점심	昼 ^{ひる}	히루
오후	午後 ^{ご ご}	고고
저녁	宵 ^{よい}	요이
밤	夜 ^{よる}	요루
시	時 ^じ	지
분	分 ^{ぶん}	분
초	秒 ^{びょう}	뵤ー
어제	昨日 ^{きの う}	키노우
오늘	今日 ^{きょ う}	쿄ー
내일	明日 ^{あ した}	아시타
내일모레	明後日 ^{あ さって}	아삿테
반나절	半日 ^{はんにち}	한니치
하루	一日 ^{いちにち}	이치니치

관련단어 93쪽

지난주	先週 ^{せんしゅう}	센슈ー
이번 주	今週 ^{こんしゅう}	곤슈ー
다음 주	来週 ^{らいしゅう}	라이슈ー
일주일	一週間 ^{いっしゅうかん}	잇슈ー칸
한 달	一ヶ月 ^{いっ かげつ}	잇카게츠
일 년	一年 ^{いちねん}	이치넹

Chapter 06. 자연과 우주

Unit 01 날씨 표현 94쪽

맑다	清い	키요이
따뜻하다	暖かい	아타타카이
화창하다	麗らかだ	우라라카다
덥다	暑い	아츠이
흐리다	曇る	쿠모루
안개 끼다	霧が かかる	카스미가 카카루
비가 오다	雨が 降る	아메가 후루
비가 그치다	雨が 止む	아메가 야무
습하다	湿る	시토루
무지개가 뜨다	虹が 出る	니지가 데루
장마철이다	梅雨に 入いる	츠유니 하이루
천둥치다	雷が 鳴る	카미나리가 나루
번개치다	稲妻が 走る	이나즈마가 하시루
바람이 불다	風が 吹く	카제가 후쿠
시원하다	快い	코코로요이
태풍이 몰아치다	台風が 吹き付ける	타이후―가 후키츠케루
눈이 내리다	雪が 降る	유키가 후루
얼음이 얼다	氷が 張る	고오리가 하루
선선하다	涼しい	스즈시이
쌀쌀하다	清清しい	스가스가시이

| 춥다 | 寒い | 사무이 |
| 서리가 내리다 | 霜が 降りる | 시모가 오리루 |

Unit 02 날씨 관련 96쪽

해	太陽	타이요―
구름	雲	쿠모
비	雨	아메
바람	風	카제
눈	雪	유키
고드름	氷柱	츠라라
별	星	호시
달	月	츠키
우주	宇宙	우츄―
우박	氷雨	히사메
홍수	洪水	코우즈이
가뭄	日照り	히데리
지진	地震	지신
자외선	紫外線	시가이센
열대야	熱帯夜	렛타이야
오존층	オゾン層	오존소―
화산(화산폭발)	火山 / 火山爆発	카잔 / 카잔바쿠하츠

관련단어 97쪽

토네이도	トルネード	토루네―도
고기압	高気圧	코―키아츠
한랭전선	寒冷前線	칸레이젠센

온도	温度 (おんど)	온도
한류	寒流 (かんりゅう)	칸류-
난류	暖流 (だんりゅう)	단류-
저기압	低気圧 (ていきあつ)	테이키아츠
일기예보	天気予報 (てんきよほう)	텐키요호-
계절	季節 (きせつ)	키세츠
화씨	華氏 (かし)	카시
섭씨	摂氏 (せっし)	셋시
연무	煙霧 (えんむ)	엔무
아지랑이	陽炎 (かげろう)	카게로-
서리	霜 (しも)	시모
진눈깨비	霙 (みぞれ)	미조래
강우량	降雨量 (こううりょう)	고-우료-
미풍	微風 (びふう)	비후-
돌풍	突風 (とっぷう)	톳푸-
폭풍	暴風 (ぼうふう)	보-후-
대기	大気 (たいき)	타이키
공기	空気 (くうき)	쿠-키

Unit 03 우주 환경과 오염　　99쪽

지구	地球 (ちきゅう)	치큐-
수성	水星 (すいせい)	스이세이
금성	金星 (きんせい)	킨세이
화성	火星 (かせい)	카세이
목성	木星 (もくせい)	모쿠세이
토성	土星 (どせい)	도세이
천왕성	天王星 (てんのうせい)	텐노우세이

명왕성	冥王星 (めいおうせい)	메이오-세이
태양계	太陽系 (たいようけい)	타이요우케이
외계인	宇宙人 (うちゅうじん)	우츄-징
행성	惑星 (わくせい)	와쿠세이
은하계	銀河系 (ぎんがけい)	긴가케이
북두칠성	北斗七星 (ほくとしちせい)	호쿠토시치세이
카시오페이아	カシオペア	카시오페아
큰곰자리	お熊座 (おおくまざ)	오오쿠마자
작은곰자리	小熊座 (こくまざ)	코쿠마자
환경	環境 (かんきょう)	칸쿄-
파괴	破壊 (はかい)	하카이
멸망	破滅 (はめつ)	하메츠
재활용	再利用 (さいりよう)	사이리요우
쓰레기	塵 (ごみ)	고미
쓰레기장	塵捨て場 (ごみすてば)	고미스테바
하수	下水 (げすい)	게스이
폐수	廃水 (はいすい)	하이스이
오염	汚染 (おせん)	오센
생존	生存 (せいぞん)	세-존
자연	自然 (しぜん)	시젠
유기체	有機体 (ゆうきたい)	유-키타이
생물	生物 (せいぶつ)	세이부츠
지구온난화	地球温暖化 (ちきゅうおんだんか)	치큐-온단카
보름달	満月 (まんげつ)	만게츠
반달	半月 (はんげつ)	한게츠

초승달	三日月	미카즈키	돼지	豚	부타
유성	流れ星	나가레보시	말	馬	우마
위도	緯度	이도	원숭이	猿	사루
경도	経度	케이도	하마	河馬	카바
적도	赤道	세키도우	얼룩말	縞馬	시마우마
일식	日食	닛쇼쿠	북극곰	北極熊	홋쿄쿠구마

Unit 04 동식물

포유류 哺乳類 호뉴−루이 　102쪽

사슴	鹿	시카	바다표범	海豹	아자라시
고양이	猫	네코	두더지	土竜	모구라
팬더(판다)	パンダ	판다	개	犬	이누
사자	獅子	시시	코뿔소	犀	사이
호랑이	虎	토라	쥐	鼠	네즈미
기린	麒麟	키린	소	牛	우시
곰	熊	쿠마	토끼	兎	우사기
다람쥐	栗鼠	리스	레드판다	レッドパンダ	렛토판다
낙타	駱駝	라쿠다	캥거루	カンガルー	칸가루−
염소	山羊	야기			

곤충/거미류 昆虫類 / 蜘蛛類　104쪽
콘츄−루이 / 쿠모루이

표범	豹	효−	모기	蚊	카
여우	狐	키츠네	파리	蠅	하에
늑대	狼	오오카미	벌	蜂	하치
돌고래	海豚	이루카	잠자리	蜻蛉	돈보
코알라	コアラ	코아라	거미	蜘蛛	쿠모
양	羊	히츠지	매미	蟬	세미
코끼리	象	조우	바퀴벌레	ゴキブリ	고키부리
			귀뚜라미	蟋蟀	코오로기

풍뎅이	黄金虫 (こがねむし)	코가네무시	거위	ガチョウ	가쵸-
무당벌레	天道虫 (てんとうむし)	텐토우무시	비둘기	鳩 (はと)	하토
반딧불이	螢 (ほたる)	호타루	딱따구리	啄木鳥 (きつつき)	키츠츠키
메뚜기	バッタ	밧타
개미	蟻 (あり)	아리

파충류/양서류 爬虫類 (はちゅうるい) / 両生類 (りょうせいるい)　　106쪽
하츄-루이 / 료-세이루이

사마귀	かまきり	카마키리
나비	蝶 (ちょう)	쵸-
전갈	蠍 (さそり)	사소리
소금쟁이	水馬 (あめんぼ)	아멘보

보아뱀	ボア	보아
달팽이	蝸牛 (かたつむり)	카타츠무리
도마뱀	蜥蜴 (とかげ)	토카게
이구아나	イグアナ	이구아나
코브라	コブラ	코부라

조류 鳥類 (ちょうるい) 쵸-루이　　105쪽

독수리	禿鷲 (はげわし)	하게와시	두꺼비	谷蟆 (たにぐく)	타니구쿠
박쥐	蝙蝠 (こうもり)	코-모리	올챙이	お玉じゃくし (たま)	오타마쟈쿠시
부엉이	木菟 (みみずく)	미미즈쿠	도룡뇽	山椒魚 (さんしょううお)	산쇼-우오
매	隼 (はやぶさ)	하야부사	개구리	蛙 (かえる)	카에루
까치	鵲 (かささぎ)	카사사기	악어	鰐 (わに)	와니
까마귀	烏 (からす)	카라스	거북이	亀 (かめ)	카메
참새	雀 (すずめ)	스즈메	뱀	蛇 (へび)	헤비
학	鶴 (つる)	츠루	지렁이	蚯蚓 (みみず)	미미즈
오리	鴨 (かも)	카모	카멜레온	カメレオン	카메레온
팽귄	ペンギン	벤긴

관련단어　　107쪽

제비	燕 (つばめ)	츠바메	더듬이	触角 (しょっかく)	숏카쿠
닭	鶏 (とり)	토리	번데기	蛹 (さなぎ)	사나기
공작	孔雀 (くじゃく)	쿠쟈쿠	알	卵 (たまご)	타마고
앵무새	鸚鵡 (おうむ)	오-무	애벌레	幼虫 (ようちゅう)	요우쵸-
기러기	雁 (かり)	카리	뿔	角 (つの)	츠노

발톱	爪	츠메
꼬리	尻尾	싯포
발굽	蹄	히즈메
동면하다	冬眠する	토-민스루
부리	くちばし	쿠치바시
깃털	羽毛	우모우
날개	羽	하네
둥지	鳥の巣	토노스
희귀동물	珍獣	친쥬-

상어	鮫	사메
해파리	水母	쿠라게
조개	貝	카이
불가사리	海星	히토데

관련단어　　　　　　　　　　109쪽

비늘	鱗	우로코
아가미	あぎと	아기토
물갈퀴발	水掻き	미즈카키
지느러미	鰭	히레

어류/연체동물/갑각류　　　　108쪽
魚類 / 軟体動物 / 甲殻類
교루이 / 난타이도우부츠 / 코우카쿠루이

연어	白鮭	시로자케
잉어	鯉	코이
쉬리	ヤガタムギツク	야가타무긴츠쿠
대구	鱈	타라
복어	河豚	후구
문어	蛸	타코
오징어	烏賊	이카
꼴뚜기	飯蛸	이이다코
낙지	手長蛸	테나가타코
게	蟹	카니
새우	蝦	에비
가재	蝲蛄	자리가니
메기	鯰	나마즈

식물(꽃/풀/야생화/나무)　　　110쪽

무궁화	槿	무쿠게
코스모스	コスモス	코스모스
수선화	水仙	스이센
장미	薔薇	바라
데이지	デージー	데-지-
아이리스	アイリス	아이리스
동백꽃	椿の花	츠바키노하나
벚꽃	桜	사쿠라
나팔꽃	朝顔	아사가오
라벤더	ラベンダー	라벤다-
튤립	チューリップ	츄-릿푸
제비꽃	すみれ	스미레
안개꽃	霞草	카스미소우
해바라기	向日葵	히마와리
진달래	躑躅	츠츠지

민들레	蒲公英	탄포포
캐모마일	カモミール	카모미-루
클로버	クローバー	쿠로-바-
강아지풀	狗尾草	에노코로구사
갈퀴나물	蔓藤袴	츠로후지바카마
고사리	蕨	와라비
잡초	雑草	잣소-
억새풀	薄	스스키
소나무	松	마츠
메타세콰이아	メタセコイア	메타세코이아
감나무	柿の木	카키노키
사과나무	林檎の木	린고노키
석류나무	柘榴の木	자쿠로노키
밤나무	栗の木	쿠리노키
은행나무	銀杏	이쵸-
배나무	梨の木	나시노키
양귀비꽃	ケシの花	케시노하나

관련단어 111쪽

뿌리	根っこ	넷코
잎	葉	하
꽃봉오리	蕾	츠보미
꽃말	花言葉	하나코토바
꽃가루	花粉	카훈
개화기	開花期	카이카키

낙엽	落ち葉	오치바
단풍	紅葉	모미지
거름	肥やし	코야시
줄기	乳草	치치쿠사

Chapter 07. 주거 관련
Unit 01 집의 종류 112쪽

아파트	アパート	아파-토
전원주택	田園住宅	덴엔쥬-타쿠
일반주택	一般住宅	이반쥬-타쿠
맨션	マンション	만숀
오피스텔	オフィステル	오피스테루
레오팔레스	レオパレス	레오파레스
다다미집	畳がある家	타타미가 아루 이에
UR주택	UR住宅	유아루쥬타쿠
임대주택	賃貸住宅	친타이쥬-타쿠
하이츠	ハイツ	하이츠
코포	コーポ	코-포
별장	別荘	벳소-

관련단어 113쪽

살다	住む	스무
주소	住所	쥬-쇼
임차인	賃借人	친샤쿠닝
임대인	賃貸人	친타이닝

| 가정부 | 家政婦 (かせいふ) | 카세이후 |
| 월세 | 家賃 (やちん) | 야칭 |

Unit 02 집의 부속물   114쪽

대문	大門 (おおもん)	오-몬
담	塀 (へい)	헤이
정원	庭 (にわ)	니와
우편함	郵便受け (ゆうびんうけ)	유-빙우케
차고	車庫 (しゃこ)	샤코
진입로	進入路 (しんにゅうろ)	신뉴-로
굴뚝	煙突 (えんとつ)	엔토츠
지붕	屋根 (やね)	야네
계단	階段 (かいだん)	카이단
벽	壁 (かべ)	카베
테라스	テラス	테라스
창고	倉庫 (そうこ)	소-코
다락방	屋根裏部屋 (やねうらべや)	야네우라베야
옥상	屋上 (おくじょう)	오쿠죠-
현관	玄関 (げんかん)	겐캉
지하실	地下室 (ちかしつ)	치카시츠
위층	上階 (じょうかい)	죠-카이
아래층	下層 (かそう)	카소-
안마당 뜰	前庭 (まえにわ)	마에니와
기둥	柱 (はしら)	하시라
울타리	垣根 (かきね)	카키네
자물쇠	錠 (じょう)	죠-

Unit 03 거실용품   116쪽

거실	リビング	리빙구
창문	窓 (まど)	마도
책장	本棚 (ほんだな)	혼다나
마루	床 (ゆか)	유카
카펫	カーペット	카-펫토
테이블	テーブル	테-부루
장식장	コモード	코모-도
에어컨	エアコンディショナー	에아콘디쇼나-
소파	ソファ	소화-
커튼	カーテン	카-텐
달력	カレンダー	카렌다-
액자	額 (がく)	가쿠
시계	時計 (とけい)	토케이
벽난로	暖炉 (だんろ)	단로
꽃병	花瓶 (かびん)	카빈
텔레비전	テレビジョン	테레비죵
컴퓨터	コンピューター	콘퓨-타-
노트북	ノートパソコン	노-토파소콘
진공청소기	真空掃除機 (しんくうそうじき)	싱쿠-소-지키
스위치를 끄다	スイッチを消す (けす)	스잇치오 케스
스위치를 켜다	スイッチを点ける (つける)	스잇치오 츠케루

Unit 04 침실용품   118쪽

침대	寝台 / ベッド	신다이 / 벳토
자명종 / 알람시계	目覚まし時計	메자마시도케이
매트리스	マットレス	맛토레스
침대시트	ベッドのシーツ	벳도노시-츠
슬리퍼	スリッパ	스릿파
이불	布団	후통
베개	枕	마쿠라
화장대	化粧台	케쇼-다이
화장품	化粧品	케쇼-힝
옷장	箪笥	탄스
잠옷	寝巻き	네마키
쿠션	クッション	쿳숀
쓰레기통	塵箱	고미바코
천장	天井	덴죠-
전등	電気	덴키
스위치	スイッチ	스잇치
공기청정기	空気清浄機	쿠-키세이죠-키
일어나다	起きる	오키루
자다	寝る	네루

Unit 05 주방   120쪽

냉장고	冷蔵庫	레이조-고
전자레인지	電子レンジ	덴시렌지
환풍기	換気扇	칸키센

(우측 상단)

가스레인지	ガスレンジ	가스렌지
싱크대	流し	나가시
주방조리대	厨房調理台	츄-보-쵸-리다이
오븐	オーブン	오-븐
수납장	棚	타나
접시걸이 선반	戸棚	토다나
식기세척기	食器洗い機	숏키아라이키

Unit 06 주방용품   121쪽

도마	まな板	마나이타
프라이팬	フライパン	후라이판
믹서기	ミキサー	미키사-
주전자	薬缶	야칸
앞치마	エプロン	에프론
커피포트	コーヒーポット	코-히-폿토
전기밥솥	炊飯器	스이한키
뒤집개	フライ返し	후라이가에시
주걱	へら	헤라
칼	包丁	호-쵸-
머그컵	マグカップ	마구캇푸
토스터기	トースター 機	토-스타-키
국자	おたま	오타마
냄비	鍋	나베
수세미	束子	다와시
주방세제	食器用洗剤	숏키요-센자이

알루미늄 호일	アルミホイル	아루미호이루
병따개	栓抜き	센누키
젓가락	はし	하시
포크	フォーク	포―크
숟가락	匙 / スプーン	사지 / 스푼―
접시	皿	사라
소금	塩	시오
후추	胡椒	코쇼―
조미료	調味料	쵸―미료―
음식을 먹다	食べ物を 食べる	타베모노오 타베루

Unit 07 욕실용품   123쪽

거울	鏡	카가미
드라이기	ドライヤー	도라이야―
세면대	洗面台	센멘다이
면도기	剃刀	카미소리
면봉	綿棒	멘보―
목욕바구니	沐浴かご	모쿠요쿠카고
바디로션	ボディーロー ション	보디―로―숀
배수구	排水溝	하이스이코우
변기	便器	벤키
비누	石鹸	셋켕
욕실커튼	浴室カーテン	요쿠시츠카텐
빗	櫛	쿠시

샤워가운	シャワーガウン	샤와―가운
샤워기	シャワー機	샤와―키
샴푸	シャンプー	샴푸
린스	リンス	린스
수건걸이	タオル掛け	다오루카케
수건	手拭 / タオル	테누구이 / 타오루
수도꼭지	蛇口	쟈구치
욕실매트	浴室マット	요쿠시츠맛토
욕조	浴槽	요쿠소―
체중계	体重計	타이쥬케이
치약	歯磨き	하미가키
칫솔	歯ブラシ	하부라시
화장지	ちり紙	치리가미
치실	フロス	후로스

관련단어   125쪽

이를 닦다	歯を磨く	하오 미가쿠
헹구다	濯ぐ	스스구
씻어내다	洗い上げる	아라이아게루
말리다	乾かす	카와카스
면도를 하다	剃りをいれる	소리오이레루
머리를 빗다	髪を かく	카미오 카쿠
샤워를 하다	シャワーを する	샤와―오 스루
변기에 물을 내리다	便器に 水を 流します	벤키니 미 즈오 나가시마스

머리를 감다	髪を 洗う	카미오 아라우
목욕하다	お風呂に 入る	오후로이 하이루

Chapter 08. 음식
Unit 01 과일   126쪽

렌우	レンブ	렌부	오렌지	オレンジ	오렌지
용안	リュウガン	류-간	레몬	レモン	레몬
여지	レイシ	레이시	바나나	バナナ	바나나
망고	マンゴー	망고-	자두	李	스모모
비파	ビワ	비와	두리안	ドリアン	도리안
망고스틴	マンゴスチン	망고스친	살구	杏	안즈
산사	山楂子	산자시	감	柿	카키
양매	ヤマモモ	야마모모	참외	瓜	우리
양다래	キーウィフルーツ	키-위후루-츠	파인애플	パイナップル	파이낫푸루
유자	柚子	유즈	키위	キーウィ	키-위
하미과	ハミウリ	하미우리	코코넛	ココナッツ	코코낫츠
홍마오단	ランブータン	란부-탄	사탕수수	砂糖黍	사토우키비
사과	林檎	링고	구아바	グアバ	구아바
배	梨	나시	밤	栗	쿠리
귤	蜜柑	미캉	대추	棗	나츠메
수박	西瓜	스이카	딸기	苺	이치고
포도	葡萄	부도-	건포도	干し葡萄	호시부도우
복숭아	桃	모모	체리	チェリー	체리-
멜론	メロン	메론	블루베리	ブルーベリー	부루-베리-
앵두	桜桃	오-도-	라임	ライム	라이무
			무화과	無花果	이치지쿠
			석류	ザクロ	자쿠로

Unit 02 채소, 뿌리식물   129쪽

고수나물	パクチー	파쿠치-
공심채	ヨウサイ	요우사이

청경채	アブラナ	아부라나	
호박	かぼちゃ	카보챠	
당근	ニンジン	닝징	
피망	ピーマン	피-망	
버섯	きのこ	키노코	
감자	芋 (いも)	이모	
고추	唐辛子 (とうがらし)	토-가라시	
토마토	トマト	토마토	
무	大根 (だいこん)	다이콘	
배추	白菜 (はくさい)	하쿠사이	
마늘	にんにく	닌니쿠	
우엉	ごぼう	고보-	
상추	サンチュ	산츄	
시금치	ほうれんそう	호-렌소-	
양배추	キャベツ	캬베츠	
브로콜리	ブロッコリー	부롯코리-	
양파	玉葱 (たまねぎ)	타마네기	
호박	カボチャ	카보챠	
고구마	さつまいも	사츠마이모	
오이	胡瓜 (きゅうり)	큐-리	
파	葱 (ねぎ)	네기	
콩나물	豆もやし (まめ)	마메모야시	
생강	生薑 (しょうが)	쇼-가	
미나리	せり	세리	
옥수수	とうもろこし	토-모로코시	
가지	茄子 (なす)	나스	

송이버섯	松茸 (まつたけ)	마츠타케	
죽순	竹の子 (たけこ)	타케노코	
더덕	蔓人参 (つるにんじん)	츠루닝징	
도라지	桔梗 (ききょう)	키코-	
깻잎	エゴマの葉 (は)	에고마노하	
고사리	蕨 (わらび)	와라비	
청양고추	辛い唐辛子 (からとんがらし)	카라이 톤가라시	
팽이버섯	えのき茸 (たけ)	에노키타케	
올리브	オリーブ	오리-부	
쑥갓	菊菜 (きくな)	키쿠나	
인삼	人参 (にんじん)	닌진	
홍삼	ホンサム	홍사무	

Unit 03 수산물, 해조류   132쪽

오징어	烏賊 (いか)	이카	
송어	マス	마스	
우럭	むらそい	무라소이	
가물치	雷魚 (らいぎょ)	라이교	
고등어	鯖 (さば)	사바	
참조기	シログチ	츠로구치	
메기	ナマズ	나마즈	
복어	河豚 (ふぐ)	후구	
새우	蝦 (えび)	에비	
대구	鱈 (たら)	타라	
연어	白鮭 (しろざけ)	시로자케	
전복	鮑 (あわび)	아와비	

가리비 조개	帆立貝 (ほたてがい)	호타테가이
갈치	太刀魚 (たちうお)	타치우오
게	蟹 (かに)	카니
잉어	鯉魚 (りぎょ)	리교
붕어	鮒 (ふな)	후나
문어	章魚 (たこ)	타코
가재	蝲蛄 (ざりがに)	자리가니
민어	ニベ	니베
멍게	ホヤ	호야
성게	ウニ	우니
방어	鰤 (ぶり)	부리
해삼	海鼠 (なまこ)	나마코
명태	助宗鱈 (すけそうだら)	스케소-다라
삼치	鰆 (さわら)	사와라
미더덕	エボヤ	에보야
굴	石花 (せっか)	셋카
광어	ヒラメ	히라메
고래	鯨 (くじら)	쿠지라
북어	干し明太 (ほめん太)	호시멘타이
미역	若布 (わかめ)	와카메
김	海苔 (のり)	노리

Unit 04 육류　　　　　　　　134쪽

소고기	牛肉 (ぎゅうにく)	규-니쿠
돼지고기	豚肉 (ぶたにく)	부타니쿠
닭고기	鶏肉 (とりにく)	도리니쿠

칠면조	七面鳥 (しちめんちょう)	시치멘쿄-
베이컨	ベーコン	베-콘
햄	ハム	하무
소시지	ソーセージ	소-세-지
육포	干し肉 (ほにく)	호시니쿠
양고기	羊肉 (ようにく)	요-니쿠
달걀	卵 (たまご)	타마고

Unit 05 음료수　　　　　　　　135쪽

콜라	コーラ	코라
사이다	サイダー	사이다-
커피	コーヒー	코-히-
핫초코	ホットチョコレート	홋토쵸코레-토
식혜	シッケ	식케
녹차	緑茶 (りょくちゃ)	료쿠챠
우롱차	ウーロン茶 (ちゃ)	우-롱챠
밀크티	ミルクティー	미루쿠티-
밀크버블티	ミルクバブルティー	미루쿠바부루티-
우유	牛乳 (ぎゅうにゅう)	규-뉴-
두유	豆乳 (とうにゅう)	토-뉴-
생수	ミネラルウォーター	미네라루워-타-
오렌지쥬스	オレンジジュース	오렌지쥬-스
레모네이드	レモネード	레모네-도
요구르트	ヤクルト	야쿠루토

Unit 06 가공식품 및 요리재료　137쪽

치즈	チーズ	치-즈
요거트	ヨーグルト	요-구루토
아이스크림	アイスクリーム	아이스쿠리-무
분유	粉ミルク	코나미루쿠
버터	バター	바타-
참치	ツナ缶	츠나칸
식용유	食用油	쇼쿠요-유
간장	醤油	쇼-유
소금	塩	시오
설탕	砂糖	사토우
식초	酢	스
참기름	ごま油	고마아부라
후추	胡椒	코쇼-
와사비	山葵	와사비
된장	味噌	미소
가츠오부시	かつお節	가츠오부시

Unit 07 한일대표요리
한국요리　139쪽

라면	ラーメン	라-멘
냉면	冷麺	레이멘
삼계탕	サムゲタン	사무게탕
된장찌개	テンジャンチゲ	텐쟝치게
청국장찌개	チョングクチャンチゲ	촌구쿠챤치게

순두부찌개	スンドゥブチゲ	순두부치게
부대찌개	プデチゲ	푸데치게
갈비탕	カルビタン	카루비탕
감자탕	カムジャタン	카무쟈탕
설렁탕	ソルロンタン	소루론탕
비빔밥	ビビンバ	비빈바
돌솥비빔밥	石焼きビビンバ	이시야키비빈바
떡볶이	トッポッキ	톳폿키
순대	スンデ	슨데
오뎅	くし刺しおでん	쿠시자시오뎅
찐빵	あんまん	안만
팥빙수	かき氷	카키코오리
떡	餅	모치
해물파전	海鮮チジミ	카이센치지미
김밥	キンパプ	킨파푸
간장게장	カンジャンケジャン	칸잔케장
김치	キムチ	키무치
삼겹살	サムギョプサル	사무교푸사루
족발	ジョクパル	조쿠파루

일본요리　140쪽

회	刺身	사시미
생선초밥	寿司	스시
다코야키	たこ焼き	타코야키

오코노미야키	お好み焼き	오코노미야키	피자	ピザ	피자
우동	うどん	우동	샌드위치	サンドイッチ	산도위치
메밀소바	蕎麦	소바	스테이크	ステーキ	스테-키
돈코츠라멘	豚骨ラーメン	톤고츠라멘	와플	ワッフル	왓후루
돈부리	丼ぶり	돈부리			

야키소바	焼きそば	야키소바	데치다	茹でる	유데루
규동	牛丼	규-동	굽다	焼く	야쿠
낫또	納豆	낫토-	튀기다	揚げる	아게루
미소된장	味噌汁	미소시루	탕 / 찌개	鍋	나베
스이모노	吸い物	스이모노	찌다	蒸す	무스
스키야키	すき焼き	스키야키	무치다	和える	아에루
우메보시	梅干し	우메보시	볶다	炒める	이타메루
오니기리	御握り	오니기리	훈제	薫製	쿤세이
나가사키짬뽕	長崎ちゃんぽん	나가사키찬퐁	끓이다	沸かす	와카스
카레	カレー	카레-	삶다	茹でる	유데루
튀김	天麩羅	텐푸라	섞다	交ぜる	마제루
가쯔동	カツ丼	카츠동	휘젓다	回す	마와스
가이세키	懐石	카이세키	밀다	伸ばす	노바스
오세치	お節	오세치	얇게 썰다	薄めに切る	우스메니키루
아지타마고	半熟卵	한쥬큐타마고	손질하다	下拵え	시타고시라에
돈까스	豚カツ	톤카스	반죽하다	捏ねる	코네루
아게모노	揚げ物	아게모노			

햄버거	ハンバーガー	한바-가-	롯데리아	ロッテリア	롯테리아
			맥도날드	マクドナルド	마쿠도나르도
			파파이스	ポパイズ	포파이즈

KFC	ケンタッキー	켄탓키-
피자헛	ピザハット	피자핫토
버거킹	バーガーキング	파-가-킨구
서브웨이	サブウェー	사부웨-

Unit 10 주류   146쪽

이모쇼쮸	芋焼酎 (いもしょうちゅう)	이모쇼-츄-
무기쇼쮸	麦焼酎 (むぎしょうちゅう)	무기쇼-츄-
호로요이	ほろよい	호로요이
마루	まる	마루
아사히 맥주	朝日ビール (あさひ)	아사히비-루
쥰마이다이긴죠	純米大吟醸 (じゅんまいだいぎんじょう)	쥰마이다이긴죠-
쥰마이	純米 (じゅんまい)	쥰마이
죠센	上撰 (じょうせん)	죠-센
죠센 다루 사케	上撰樽酒 (じょうせんたるざけ)	죠-센다루사케
간바래오 도짱	がんばれお父ちゃん (とう)	간바레오토짱
히카리마사무네	光正宗 (ひかりまさむね)	히카리마사무네
교노이즈미	京の泉 (きょう いずみ)	쿄-노이즈미
나마죠조슈	生貯蔵 (なまちょぞう)	나마쵸조-
쿠보타만쥬	久保田萬寿 (くぼたまんじゅ)	쿠보타만쥬
유자술	柚酒 (ゆずざけ)	유즈자케
위스키	ウィスキー	위스키-
보드카	ヴォッカ	봇카
레드와인	レッドワイン	렛토와인
화이트와인	白ワイン (しろ)	시로와인
막걸리	マッコルリ	맛코루리
동동주	トンドンジュ	톤돈쥬
백하주	ベカジュ	베카쥬
과실주	果実酒 (かじつしゅ)	칸지츠슈
복분자술	覆盆子酒 (くつがぼんししゅ)	쿠츠가에본시슈
매실주	梅酒 (うめしゅ)	우메슈
청주	清酒 (せいしゅ)	세이슈
칵테일	カクテル	카쿠테루

관련단어   149쪽

와쇼쿠(일본 음식 전체를 지칭하는 말)	和食 (わしょく)	와쇼쿠
과음	深酒 (ふかざけ)	후카자케
숙취해소제	宿酔解消剤 (しゅくすいかいしょうざい)	슈큐스이카이쇼우자이
알콜중독	アルコホリック	아루코호릭쿠
술친구	飲み友達 (の ともだち)	노미토모다치
미즈와리(술에 물을타서 마시기 좋게 한 것)	水割り (みず わ)	미즈와리
오유와리(술에 따뜻한 물을 넣어 마시는 것)	お湯割り (ゆ わ)	요유와리
포장마차	屋台 (や たい)	야타이

Unit 11 맛 표현

149쪽

맛있어요	美味しいです	오이시이데스
맛없어요	不味いです	마즈이데스
싱거워요	薄いです	우스이데스
뜨거워요	熱いです	아츠이데스
달아요	甘いです	아마이데스
짜요	塩からいです	시오카라이데스
매워요	辛いです	카라이데스
얼큰해요	ぴりぴりします	피리피리시마스
시어요	酸っぱいです	슷파이데스
써요	苦いです	니가이데스
떫어요	渋いです	시부이데스
느끼해요	あぶらっこいです	아부랏코이데스
고소해요	香ばしい	고우바시이
담백해요	あっさりです	앗사리데스
시원해요	すっきりします	슷키리시마스
비려요	生臭いです	나마구사이데스
소화가 안 돼요	消化に悪いです	쇼−카니와루이데스

관련단어

151쪽

씹다	噛む	시가무
영양분을 공급하다	栄養となる	에이요우토나루
과식하다	食べ過ぎる	타베스키루

먹이다	食わす	쿠와스
삼키다	飲み込む	노미코무
조리법	調理方法	쵸−리호−호−
날것	生物	나마모노
썩다 ↔ fresh	腐る	쿠사루
칼슘	カルシウム	카루스−무
단백질	蛋白質	탄파쿠시즈
비타민	ビタミン	비타민
지방질	脂肪質	시보우시즈
탄수화물	炭水化物	탄스이카부츠
식욕	食欲	쇼쿠요쿠
무기질	無機質	무키시즈
에스트로겐	エストロゲン	에스토로겐
아미노산	アミノ酸	아미노상
체지방	体脂肪	타이시보−
피하지방	皮下脂肪	히카시보−
열량(칼로리)	熱量 / カロリー	네츠료−/ 카로리−
영양소	栄養素	에이요−소
포화지방	飽和脂肪	호우와시보−
포도당	葡萄糖	후도−토−
납	鉛	나마리

Chapter 09. 쇼핑
Unit 1 쇼핑물건
의류　　　　　　　　　　　152쪽

정장	正装 せいそう	세이소-
청바지	ジーパン	즈-팡
티셔츠	ティーシャツ	티-샤츠
원피스	ワンピース	완피-스
반바지	半ズボン はん	한즈본
치마	スカート	스카-토
조끼	ベスト	베스토
셔츠	シャツ	샤츠
와이셔츠	ワイシャツ	와이샤츠
재킷	ジャケット	쟈켓토
운동복	運動着 うんどうぎ	운도-키
오리털잠바	ダウンパーカー	다운파-카-
스웨터	セーター	세-타-
우의	雨具 あまぐ	아마구
내복	肌着 はだぎ	하다기
속옷	下着 したぎ	시타기
팬티	パンツ	판츠
교복	制服 せいふく	세이후쿠
레이스	レース	레-스
단추	ボタン	보탄
바지	ズボン	즈본
버클	バックル	박쿠루
브래지어	ブラジャー	부라쟈-

블라우스	ブラウス	부라우스
소매	袖口 そでぐち	소데구치
외투	オーバーコート	오-바-코-토
지퍼	チャック	챳쿠
잠옷	パジャマ	파쟈마
한복	ハンボク	한보쿠
기모노	着物 きもの	키모노

신발, 양말　　　　　　　　　154쪽

신발	スニーカー	스니-카
운동화	運動靴 うんどうぐつ	운도-구츠
구두	靴 くつ	구츠
부츠	ブーツ	부-츠
슬리퍼	スリッパ	스릿파
조리	草履 ぞうり	조-리
장화	長靴 ながぐつ	나가구츠
양말	靴下 くつした	쿠츠시타
스타킹	ストッキング	스톳킨구
샌들	サンダル	산다루

기타 액세서리　　　　　　　155쪽

모자	帽子 ぼうし	보-시
가방	鞄 かばん	카방
머리끈	ヘアバンド	헤아반도
귀걸이	イヤリング	이야린구
반지	指輪 ゆびわ	유비와

안경	眼鏡	메가네
선글라스	サングラス	산구라스
지갑	財布	사이후
목도리	マフラー	마후라-
스카프	スカーフ	스카-후
손목시계	腕時計	우데도케이
팔찌	腕輪	우데와
넥타이	ネクタイ	네쿠타이
벨트	ベルト	베루토
장갑	手袋	데부쿠로
양산	日傘	히가사
목걸이	ネックレス	넥쿠레스
손수건	ハンカチーフ	항카치-후
브로치	ブローチ	부로-치
머리핀	ヘアピン	헤아핀

기타용품   **156쪽**

비누	石鹸	셋켄
물티슈	ウェットティッシュ	왓토팃슈
생리대	生理帯	세이리타이
기저귀	御襁褓	오무츠
우산	傘	카사
담배	タバコ	타바코
라이터	ライター	라이타-
건전지	乾電池	칸덴치

쇼핑백	買い物袋	카이모노후쿠로
종이컵	紙コップ	카미콧푸
컵라면	カップラーメン	캇푸라-멘
모기약	殺虫剤	삿츄-자이
방취제	防臭剤	보-슈-자이
면도크림	シェービングフォーム	세-핀구호-무
면도날	剃刀	카미소리
스킨	スキン	스킨
로션	ローション	로-숀
썬크림	日焼け止	히야케도메
샴푸	シャンプー	샨푸-
린스	リンス	린스
치약	歯磨き	하미가키
칫솔	歯ブラシ	하부라시
손톱깍이	つめ切り	츠메키리
화장지	トイレットペーパー	토이렛토페-파-
립스틱	リップスティック	릿푸스틱쿠
비비크림	BBクリーム	비비쿠리-무
파운데이션	ファンデーション	환데-숀
빗	櫛	쿠시
사탕	飴	아메
껌	ガム	가무

초콜릿	チョコレート	쵸코레-토
아이셰도	アイシャドウ	아이샤도우
매니큐어	マニキュア	마니큐아
향수	香水	코-스이
마스카라	マスカラ	마스카라
파스	サロンパス	사론파스
카메라	カメラ	카메라
붓	筆	후데
책	本	혼
거울	鏡	카가미
핸드폰 케이스	携帯電話ケース	케이타이뎅와케-스
옥	玉	타마
진주	真珠	신쥬
루비	ルビー	루비-
다이아몬드	ダイヤモンド	다이야몬도
자수정	紫水晶	무라사키즈-쇼-
에메랄드	緑玉石/エメラルド	료쿠교쿠세키 / 에메라루도
사파이어	サファイア	사화이아
가넷	ガーネット	가-넷토
아쿠아마린	アクアマリン	아쿠아마링
페리도트	ペリドート	페리도-토
오팔	オパール	오파-루
토파즈	トパーズ	토파-즈

터키석	トルコ石	토루코이시
금	金	킨
은	銀	긴
동	銅	도우

관련단어　　　　　　　　160쪽

짝퉁제품	偽物	니세모노
바코드	バーコード	바-코-도
계산원	レジ係	레츠가카리
선물	プレゼント	푸레젠토
상표	商標	쇼-효-
현금	現金	겐킹
지폐	紙幣	시헤이
동전	銅貨	도우카
환불	払戻し	하라이 모도시

Unit 02 색상　　　　　　　160쪽

빨간색	赤色	아카이로
주황색	洗色	아라이로
노란색	黄色	키이로
초록색	緑色	미도리이로
파란색	青色	아오이로
남색	紺色	콘이로
보라색	紫色	무라사키이로
아이보리색	アイボリー色	아이보리-이로
황토색	黄土色	오-도이로

검은색	黒色	쿠로이로
회색	灰色	하이이로
흰색	白色	시로이로
갈색	茶色	챠이로
분홍색	ピンク色	핀쿠이로

관련단어   162쪽

복장	服装	후쿠소우
의상	衣装	이쇼우
직물	織物	오리모노
감촉	感触	칸쇼쿠
모피	毛皮	케가와
단정한	端整な	탄세이나
깔끔한	きれいな	키레이나
방수복	防水着	보우스이기
차려입다	着飾る	키가자루
장식하다	飾る	카자루
사치스럽다	おごってる	오곳테루
어울리다	合う	아우

Unit 3 구매 표현   162쪽

이것	これ	코레
저것(먼 것을 가르킬 때)	それ / あれ	소레 / 아레
더 화려한 것	もっと派手な事	못토 하데나 코토
더 큰 것	もっと大きな事	못토 오-키나 코토
더 작은 것	もっと小さな事	못토 츠이사나코토
더 수수한 것	もっと渋い事	못토 시부이 코토
유행상품	流行商品	류-코-쇼-힝
더 무거운 것	もっと重い事	못토 오모이 코토
더 가벼운 것	もっと軽い事	못토 카루이 코토
더 긴 것	もっと長い事	못토 나가이 코토
더 짧은 것	もっと短い事	못토 미지카이 코토
다른 종류	ほかの種類	호카노 슈루이
다른 디자인	ほかの デザイン	호카노 데자잉
다른 색깔	ほかの色	호카노 이로
더 싼 것	もっと安いもの	못토 야스이 모노
더 비싼 것	もっと高いもの	못토 타카이 모노
신상품	新商品	신쇼-힝
세일상품	セール商品	세-루쇼-힝
(옷을) 입다 / (바지를) 입다	着る / 穿く	키루 / 하쿠
신다	履く	하쿠
메다	背負う	세오우

먹다	食べる	타베루
바르다	塗る	누루
들다	持つ	모츠
만지다	触る	사와루
쓰다	書く	카쿠
착용하다	着用する	챠쿠요우스루
몇몇의	いくつか	이쿠츠카

관련단어 165쪽

쇼핑몰	ショッピングモール	숏핀구모-루
상품	商品	쇼-힝
하자가 있는	欠陥の ある	켓칸노 아루
환불	払い 戻す	하라이 모도스
구입하다	買う	카우
영수증	領収書	료-슈-쇼
보증서	保証書	호쇼-쇼
소매점	小売店	코-리텐
세일	セール	세-루
계산대	勘定台	칸죠-다이
저렴한	値安だ	레 야스다
물건이 다 팔리다	商品が 全部 捌ける	쇼-힝가 젠부 하케루
재고정리	棚ざらえ	타나자라에
신상품	新商品	신쇼-힝
공짜	ただ	타다

Chapter 10. 도시
Unit 1 자연물 166쪽

강	川	카와
과수원	果樹園	카쥬엔
나무	木	키
논	田	타
농작물	農作物	노-사쿠모츠
동굴	洞窟	도-쿠츠
들판	野原	노하라
바다	海	우미
밭	畑	하타케
사막	砂漠	사바쿠
산	山	야마
섬	島	시마
삼림	森	모리
습지	湿地	싯치
연못	池	이케
저수지	貯水池	쵸스이치
초원	草原	소-겐
폭포	滝	타키
해안	海岸	카이간
협곡	峡谷	쿄-코쿠
호수	湖	미즈우미
목장	牧場	보쿠죠-
바위	岩	이와

관련단어 168쪽

수확하다	刈取る	카리토루
씨를 뿌리다	種を まく	타네오 마쿠
온도	温度	온도
수평선	水平線	스이헤이센
지평선	地平線	치헤이센
화석	化石	카세키
습도	湿度	시츠도
대지	敷地	시키치
모래	砂	스나
논두렁	畔	아제

Unit 2 도시 건축물 169쪽

우체국	郵便局	유-빈쿄쿠
은행	銀行	긴코우
경찰서	警察署	케이사츠쇼
병원	病院	보-잉
편의점	コンビニ	콘비니
호텔	ホテル	호테루
서점	本屋	혼야
백화점	デパート / 百貨店	데파-토 / 핫카텡
노래방	カラオケ	카라오케
커피숍	カフェ	카페
영화관	映画館	에이가칸
문구점	文房具店	분보-구텡
제과점	パン屋	판야

놀이공원	遊園地	유-엔치
주유소	ガゾリンスタンド	가조린스탄도
성당	聖堂	세이도-
교회	教会	쿄-카이
찻집	喫茶店	킷사텡
번화가	繁華街	한카가이
미술관	美術館	비쥬츠칸
학교	学校	각코우
이슬람사원	イスラム寺院	이스라무지잉
분수	噴水	훈스이
공원	公園	코우엔
댐	ダム	다무
정원	庭	니와
사우나	サウナ	사우나
식물원	植物園	쇼쿠부츠엔
동물원	動物園	도우부츠엔
광장	広場	히로바
다리	橋	하시
박물관	博物館	하쿠부츠칸
기념관	記念館	키넹칸
약국	薬局	얏쿄쿠
소방서	消防署	쇼-보-쇼
도서관	図書館	토쇼칸
미용실	美容室	비요우시츠
관광안내소	観光案内所	칸코-안나이죠

세탁소	洗濯屋	센타쿠야	테니스	テニス	테니스
PC방	インターネットカフェ	인타-넷토카페	스키	スキー	스키-
			태극권	太極拳	타이쿄쿠켄
목욕탕	銭湯	센토-	무술	武術	부쥬츠
발마사지샵	足マッサージ屋	아시맛사-지야	승마	乗馬	죠-바
			축구	サッカー	삿카-
안마방	エステサロン	에스테사론	배구	バレーボール	바레-보-루
온천	温泉	온센	야구	野球	야큐-
			농구	バスケットボール	바스켓토보-루

Chapter 11. 스포츠, 여가
Unit 1 스포츠   172쪽

볼링	ボウリング	보우린구	탁구	卓球	탓큐-
암벽등반	ロッククライミング	롯쿠쿠라이밍구	검술	剣道	켄도우
			수영	水泳	스이에이
활강	ダウンヒル	다운히루	경마	競馬	케이바
수상그네	水上ブランコ	스이죠-브랑코	권투	ボクシング	보쿠싱구
패러글라이딩	パラグライダー	파라구라이다-	태권도	テコンドー	테콘도-
번지점프	バンジージャンプ	반지-챤푸	검도	剣道	켄도우
			무에타이	ムエタイ	무에타이
낚시	魚釣り	사카나츠리	격투기	格闘技	카쿠토-키
인공암벽	フリークライミング	후리-구라이밍구	씨름	シルム	씨루무
			당구	ビリヤード	비리야-도
바둑	囲碁	이고	배드민턴	バドミントン	바도민통
카레이싱	カーレーシング	카-레신구	럭비	ラグビー	라구비-
윈드서핑	ウインドサーフィン	우인도사-힌	스쿼시	スカッシュ	스캇슈
골프	ゴルフ	고루후	아이스하키	アイスホッケー	아이스홋케-

핸드볼	ハンドボール	한도보−루		공수도	空手道	카라테도−
등산	山登り	야마노보리		레슬링	レスリング	레스린구
인라인	インラインスケート	인라인스케−토		스모	相撲	스모−
조정	ボート	보−토		줄넘기	縄飛び	나와토비
사이클	サイクル	사이쿠루		뜀틀	跳馬	쵸−바
요가	ヨガ	요가		에어로빅	エアロビクスダンス	에아로비쿠스단스
스카이다이빙	スカイダイビング	스카이다이빙구		아령	ダンベル	단베루
행글라이더	ハンググライダー	한구구라이다−		역도	重量挙げ	쥬−료−아게

피겨스케이트	フィギュアスケート	히규아스케−토		야구공	野球ボール	야큐보−루
롤러스케이트	ローラースケート	로−라−스케−토		야구방망이	野球バット	야큐밧토
양궁	アーチェリー	아−체리−		축구공	サッカーボール	삿카−보−루
스노클링	シュノーケリング	슈노−케린구		축구화	サッカーシューズ	삿카−슈−즈
스쿠버다이빙	スキューバダイビング	스큐−바다이빙구		글러브	グローブ	구로−부
해머던지기	ハンマー投げ	한마−나게		헬멧	ヘルメット	헤루멧토
멀리뛰기	走り幅跳び	하시리하바토비		라켓	ラケット	라켓토
창던지기	槍投げ	야리나게		수영복	水着	미즈기
마라톤	マラソン	마라손		튜브	チューブ	츄−부
펜싱	フェンシング	휀싱구		수영모	水泳帽	스이에이보−
쿵푸	カンフー	칸후−		러닝머신	ランニングマシーン	란닝구마시−인
합기도	合気道	아이키도−		코치	コーチ	코−치
				유산소운동	有酸素運動	유−산소운도−

무산소운동	無酸素運動	무산소운도—
근력운동	筋肉運動	킨니쿠운도—
호흡운동(숨 쉬기 운동)	呼吸運動	코큐—운도—
수경	スイミングゴーグル	스이밍구고—구루
맨손체조	徒手体操	토슈타이소우

Unit 2 오락, 취미   177쪽

영화감상	映画鑑賞	에이가칸쇼—
음악감상	音楽鑑賞	온가쿠칸쇼—
여행	旅行	료코—
독서	読書	도쿠쇼
춤추기	踊り	오도리
노래 부르기	歌を歌う	우타오 우타우
운동	運動	운도—
등산	山登り	야마노보리
수중잠수	水中潜水	스이츄—센스이
악기 연주	楽器演奏	갓키엔소—
요리	料理	료—리
사진 찍기	写真撮影	샤신사츠에이
정원 가꾸기	ガーデニング	가—데닝구
우표 수집	切手収集	킷테슈—슈—
낚시	魚釣り	사카나츠리
십자수	クロスステッチ	쿠로스스텟치
TV 보기	テレビ見る	테레비미루

드라이브	ドライブ	도라이부
빈둥거리기	ごろごろする	고로고로스루
인터넷	インターネット	인타—넷토
게임	ゲーム	게—무
아이쇼핑 하기	ウィンドウショッピングする	우인도우숏핑구스루
캠핑하기	キャンピングする	캰핀구스루
마작	マージャン	마—쟝
장기	将棋	쇼—기
도예	陶芸	토—게이
뜨개질	編み物	아미모노
일하기	働く	하타라쿠
멍때리기	ぼんやりする	본야리스루

Unit 3 악기   180쪽

기타	ギター	기타—
피아노	ピアノ	피아노
색소폰	サクソフォン	사쿠소혼
플루트	フルート	후루—토
하모니카	ハーモニカ	하—모니카
클라리넷	クラリネット	쿠라리넷토
트럼펫	トランペット	토란펫토
하프	ハープ	하—푸
첼로	チェロ	체로
아코디언	アコーディオン	아코—디온
드럼	ドラム	도라무

실로폰	シロホン	스로혼	매점	売店 / 売り場	바이텡 / 우리 바
거문고	琴	코토	공포영화	ホラー映画	호라-에이가
가야금	伽倻琴	카야킨	코미디영화	コメディー映画	코메디-에이가
대금	大芩	타이킨	액션영화	アクション映画	아쿠숀에이가
장구	チャング	챵구	어드벤쳐영화	アドベンチャー映画	아도벤챠-에이가
징	鉦	카네	스릴러영화	スリラー映画	스리라-에이가
해금	奚琴	케이킹	주연배우	主演俳優	슈엔하이유-
단소	短簫	탄쇼	조연배우	助演俳優	죠엔하이유-
피리	笛	후에	남자주인공	主演男優	슈엔단유-
오카리나	オカリナ	오카리나	여자주인공	女主人公	온나쥬진코-
바이올린	バイオリン	바이오린	영화사	映画史	에이가시
비올라	ビオラ	비오라	감독	監督	칸토쿠

Unit 4 여가   181쪽

휴양하다	休養する	큐-요-스루
관광하다	観光する	칸코-스루
기분전환하다	気分転換する	키분텐칸스루
건강관리하다	健康管理をする	켄코-칸리오스루
탐험하다	探検する	탄켄스루
박물관을참관하다	博物館を観覧する	하쿠부츠칸오 칸란스루

관련단어   183쪽

뮤지컬영화	ミュージカル映画	뮤-지카루에이가
다큐멘터리영화	ドキュメンタリー映画	도큐멘타리에이가
로멘틱영화	ロマンチック映画	로만틱쿠에이가

Unit 5 영화   182쪽

영화관	映画館	에이가칸
매표소	切符売場	킷푸우리바
히트작	ヒット作	힛토사쿠

Chapter 01. 공항에서

Unit 01 공항		186쪽
국내선	国内線 (こくないせん)	코쿠나이센
국제선	国際線 (こくさいせん)	코쿠사이센
탑승창구	搭乗口 (とうじょうぐち)	토우쇼-구치
항공사	航空会社 (こうくうがいしゃ)	코-쿠-가이샤
탑승수속	搭乗手続き (とうじょうてつづ)	토-죠-테츠즈키
항공권	航空券 (こうくうけん)	코-쿠켄
여권	パスポート	파스포-토
탑승권	搭乗券 (とうじょうけん)	토-죠-켄
금속탐지기	金属探知器 (きんぞくたんちき)	킨조쿠탄치키
창가좌석	窓側の席 (まどがわ せき)	마도가와노세키
통로좌석	通路側の席 (つうろがわ せき)	츠우로가와노세키
탁송화물	託送貨物 (たくそうかもつ)	타쿠소우카모츠
수하물표	手荷物切符 (てにもつきっぷ)	테니모츠킷푸
추가 수하물 운임	追加手荷物運賃 (ついかてにもつうんちん)	츠이카테니모츠운칭
세관	税関 (ぜいかん)	제이캉
신고하다	申告する (しんこく)	신코쿠스루
출국신고서	出国申告書 (しゅっこくしんこくしょ)	슛코쿠신코쿠쇼
면세점	免税店 (めんぜいてん)	멘제이텡
입국심사	入国審査 (にゅうこくしんさ)	뉴-코쿠신사
휴대품 신고서	携帯品申告書 (けいたいひんしんこくしょ)	케이타이힝신코쿠쇼
비자	ビザ	비자
세관원	税関職員 (ぜいかんしょくいん)	제이칸쇼쿠잉

관련단어		188쪽
목적지	目的地 (もくてきち)	모쿠테키치
도착지	到着地 (とうちゃくち)	토-챠쿠치
방문목적	訪問目的 (ほうもんもくてき)	호우몬모쿠테키
체류기간	滞留期間 (たいりゅうきかん)	타이류-키칸
입국허가	入国許可 (にゅうこくきょか)	뉴-코쿠쿄카
검역소	検疫所 (けんえきじょ)	켄에키죠
수하물 찾는 곳	手荷物受取所 (てにもつうけとりしょ)	테니모치우케토리쇼
리무진 버스	リムジンバス	리무진바스

Unit 02 기내 탑승		189쪽
창문	窓 (まど)	마도
객실 승무원	客室乗務員 (きゃくしつじょうむいん)	캬쿠시츠쇼-무잉
객석 위쪽의 짐칸	客席の上の荷物空間 (きゃくせき うえ にもつくうかん)	캬쿠세키노우에노니모츠쿠-칸
에어컨	エアコン	에아콘
조명	照明 (しょうめい)	쇼-메이
모니터	モニター	모니타-
좌석(자리)	席 (せき)	세키
구명조끼	救命チョッキ (きゅうめい)	큐-메이촛키

| 호출버튼 | 呼び出しボタン | 요비다시보탄 | 연기 / 지연 | 延期 / 遅延 | 엔키/치엔 |
| 짐 | 荷物 | 니모츠 | | | |

Unit 03 기내서비스   **192쪽**

안전벨트	安全ベルト	안젠베루토	신문	新聞	신분
통로	通路	츠-로	면세품 목록	免税品カタログ	멘제이힝카타로구
비상구	非常口	히죠-구치	잡지	雑誌	잣시
화장실	手洗/トイレ	테아라이 / 토이레	담요	毛布	모-후
이어폰	イヤホン	이야혼	베개	枕	마쿠라
조종실	コックピット	콧쿠핀토	입국카드	入国カード	뉴-코쿠카-도
기장	機長	키쵸-	티슈	ティッシュ	팃슈
부기장	副機長	후쿠키쵸-	음료수	飲み物	노미모노
활주로	滑走路	캇쇼-로	기내식	機内食	키나이쇼쿠
			맥주	ビール	비-루

관련단어   **191쪽**

도착 예정 시간	到着予定時刻	토우챠쿠요테이지코쿠	와인	ワイン	와인
이륙하다	離陸する	리리쿠스루	물	水	미즈
착륙하다	着陸する	챠쿠리쿠스루	커피	コーヒー	코-히-
무료 서비스	無料サービス	무료-사-비스	차	お茶	오챠

관련단어   **193쪽**

사용 중	使用中	시요-츄-	이륙	離陸	리리쿠
금연 구역	禁煙区域	킨엔쿠이키	착륙	着陸	챠쿠리쿠
시차적응 안됨	時差ボケ	지사포케	홍차	紅茶	코-챠
경유	経由	케이유	물티슈	ウェットティッシュ	우엣토티슈
직항	直航	촛코우	스튜어드	スチュワード	스츄와-도
좌석 벨트를 매다	シートベルトをする	시-토베루토오 스루	샐러드	サラダ	사라다

알로에쥬스	アロエジュース	아로에쥬-스
탄산음료	炭酸飲料	탄산인료-

Chapter 02. 입국심사
Unit 01 입국목적   194쪽

비즈니스	ビジネス	비지네스
여행, 관광	旅行 / 観光	료코- / 칸코-
공무	公務	코-무
취업	就職	슈-쇼쿠
거주	居住	쿄쥬-
친척 방문	親戚への訪問	신세키헤노호-몬
유학	留学	류-가쿠
귀국	帰国	키코쿠
기타	その他	소노타

Unit 02 거주지   195쪽

호텔	ホテル	호테루
친척집	親戚の 家	신세키노 이에
친구집	友人の 家	유-징노 이에
미정입니다	未定です	미테이데스

Chapter 03. 숙소
Unit 01 예약   196쪽

예약	予約	요야쿠
체크인	チェックイン	첫쿠인

체크아웃	チェックアウト	첫쿠아우토
싱글 룸	シングルルーム	신구루루-무
더블 룸	ダブルルーム	다부루루-무
트윈 룸	ツインルーム	츠인루-무
스위트룸	スイートルーム	스이-토루-무
다인실	ドーミトリー	도-미토리-
일행	一行	잇코-
흡연실	喫煙室	키츠엔시츠
금연실	禁煙室	킨엔시츠
방값	部屋代	헤야다이
예약번호	予約番号	요야쿠반고-
방카드	ルームキー	루-무키-

관련단어   197쪽

예치금	保証金	호쇼-킹
환불	払い戻し	하라이모도시
봉사료	サービス料	사-비스료-

Unit 02 호텔   198쪽

프런트	フロント	프론토
접수계원	受付の人	우케츠케노히토
도어맨	ドアマン	도아만
벨보이	ベルボーイ	베루보-이
사우나	サウナ	사우나
회의실	会議室	카이기시츠

레스토랑	レストラン	레스토랑	식사	食事 しょくじ	쇼쿠지
룸메이드	ルームメード	루-무메-도	미니바	ミニバー	미니바-
회계	会計 かいけい	카이케이	팁	チップ	칫푸

Unit 03 숙소 종류 199쪽

호텔	ホテル	호테루
캠핑	キャンプ	캉푸
게스트하우스	ゲストハウス	게스토하우스
민박	民宿 みんしゅく	민슈쿠
료칸	旅館 りょかん	료칸
펜션	ペンション	벤숀
캡슐호텔	カプセルホテル	카푸세루호테루
인터넷카페	インターネットカフェ	인타-넷토카훼
국민숙사	国民宿舎 こくみんしゅくしゃ	코쿠민슈쿠샤

Unit 04 룸서비스 200쪽

모닝콜	モーニングコール	모-닝구코-루
세탁	洗濯 せんたく	센타쿠
다림질	アイロン	아이론
드라이클리닝	ドライクリーニング	도라이쿠리-닝구
방청소	部屋の掃除 へや　そうじ	헤야노소우지
식당 예약	食堂の予約 しょくどう　よやく	쇼쿠도우노요야쿠
안마	按摩 あんま	안마

Chapter 04. 교통

Unit 01 탈 것 202쪽

비행기	飛行機 ひこうき	히코-키
헬리콥터	ヘリコプター	헤리코푸타-
케이블카	ケーブルカー	케-부루카-
여객선	旅客船 りょかくせん	료카쿠센
요트	ヨット	욧토
잠수함	潜水艦 せんすいかん	센스이칸
택시	タクシー	타쿠시-
자동차	車 くるま	쿠루마
버스	バス	바스
기차	汽車 きしゃ	키샤
지하철	地下鉄 ちかてつ	치카테츠
자전거	自転車 じてんしゃ	지텐샤
트럭	トラック	도랏쿠
크레인	クレーン	쿠레엔
모노레일	モノレール	모노레루
소방차	消防車 しょうぼうしゃ	쇼-보-샤
구급차	救急車 きゅうきゅうしゃ	큐-큐-샤
이층버스	二階建てバス にかいだ	니카이다테바스
견인차	牽引車 けんいんしゃ	켄인샤

관광버스	観光バス <small>かんこう</small>	칸코-바스
레미콘	レミコン	레미콘
순찰차	パトカー	파토카-
오토바이	オートバイ	오-토바이
증기선	蒸気船 <small>じょう き せん</small>	죠-키센
지게차	フォークリフト	효-구리후토
열기구	熱気球 <small>ねつ き きゅう</small>	네츠키큐-
스포츠카	スポーツカー	스포-츠카-
벤	バン	반

Unit 02 자동차 명칭 / 자전거 명칭　204쪽

엑셀(가속 페달)	アクセル	아쿠세루
브레이크	ブレーキ	부레-키
백미러	バックミラー	밧쿠미라-
핸들	ハンドル	한도루
클랙슨	クラクション	쿠라쿠숀
번호판	ナンバープ レート	난바-푸레- 토
변속기	スピードメー ター	스피-도메- 타-
트렁크	トランク	토란쿠
클러치	クラッチ	쿠랏치
안장	サドル	사도루
앞바퀴	前輪 <small>ぜんりん</small>	젠린
뒷바퀴	後輪 <small>こうりん</small>	코-린
체인	チェーン	체-잉
페달	ペダル	페다루

관련단어		206쪽
안전벨트	シートベルト	시-도베루토
에어백	エアバッグ	에아팟쿠
배터리	バッテリー	팟테리-
엔진	エンジン	엔진
LPG	エルピージー	에루피-지-
윤활유	潤滑油 <small>じゅんかつ ゆ</small>	쥰가츠유
경유	軽油 <small>けい ゆ</small>	케이유
휘발유	ガソリン	가소린
세차	洗車 <small>せんしゃ</small>	센샤

Unit 03 교통 표지판　207쪽

서행	徐行 <small>じょこう</small>	죠코-
일시정지	一時停止 <small>いち じ てい し</small>	이치지테이시
추월금지	追越禁止 <small>おいこしきん し</small>	오이코시킨시
제한속도	制限速度 <small>せいげんそく ど</small>	세이겐소쿠도
일방통행	一方通行 <small>いっぽうつうこう</small>	잇포-츠- 코-
주차금지	駐車禁止 <small>ちゅうしゃきん し</small>	츄-샤킨시
우측통행	右側通行 <small>みぎがわつうこう</small>	미기가와츠- 코-
진입금지	進入禁止 <small>しんにゅうきん し</small>	신뉴-킨시
유턴금지	Uターン禁止 <small>きん し</small>	유탄킨시
낙석도로	落石道路 <small>らくせきどう ろ</small>	라쿠세키도- 로
어린이 보호 구역	スクールゾ ーン	스쿠-루존

Unit 04 방향 208쪽

좌회전	左折	사세츠
우회전	右折	우세츠
직진	直進	조쿠신
백(BACK)	バック	밧쿠
유턴	Uターン	유탄-
동서남북	東西南北	토우자이난보쿠

관련단어 209쪽

후진하다	バックする	팟쿠스루
고장나다	故障する	코쇼-스루
(타이어가) 펑크나다	タイヤがパンクする	타이야가 판쿠스루
견인하다	牽引する	켄인스루
갈아타다	乗り換える	노리카에루
차가 막히다	車が渋滞する	쿠루마가 쥬-타이스루
주차위반 딱지	駐車違反のステッカー	츄-샤이한노 스팃카-
지하철노선도	地下鉄の路線図	치카테츠노 로센즈
대합실	待合室	마치아이시츠
운전기사	運転手	운텐슈
운전면허증	運転免許証	운텐멘코쇼-
중고차	中古車	츄-코샤
새차	新車	신샤

Unit 05 거리풍경 210쪽

신호등	信号灯	신고우토우
횡단보도	横断歩道	오우단호도우
주유소	ガソリンスタンド	가소린스탄도
인도	歩道	호도-
차도	車道	샤도-
고속도로	高速道路	코-소쿠도-로
교차로	交差点	코-사텐
지하도	地下道	치카도-
버스정류장	バス停	바스테이
방향표지판	方向標識板	호-코-효-시키방
육교	陸橋	릿쿄-
공중전화	公衆電話	코-슈-덴와

Chapter 05. 관광

Unit 01 일본 대표 관광지 212쪽

하라주쿠	原宿	하라쥬쿠
도쿄타워	東京タワー	토우쿄-타와-
신주쿠	新宿	신쥬쿠
오다이바	お台場	오다이바
에노시마	江の島	에노시마
아사쿠사	浅草	아사쿠사
디즈니랜드	ディズニーランド	디즈니-란도

시부야	渋谷	시부야
에비스	恵比寿	에비스
우에노	上野	우에노
후지산	富士山	후지상
하코네	箱根	하코네
후지큐 하이 랜드	富士急ハイランド	후지큐하이란도
요코하마	横浜	요코하마
오사카성	大阪城	오-사카죠-
도톤보리	道頓堀	도-톤보리
유니버셜스 튜디오	ユニバーサルスタジオ	유니바-사루스타지오
우메다	梅田	우메다
나라공원(사 슴공원)	奈良公園	나라코-엔
도다이지	東大寺	토-다이지
킨카쿠지	金閣寺	킨카쿠지
기요미즈 데라	清水寺	키요미즈데라
고베 포트 타워	神戸ポートタワー	코-베포-토타와-
하버랜드	ハーバーランド	하-바-란도
기타노이 진칸	北野異人館	키타노이진칸
하우스텐 보스	ハウステンボス	하우스텐보스
벳부 지옥 온천	別府地獄温泉	벳부지고쿠온센

유후인 긴린 코호수	由布院金鱗湖	유후인킨린코
다자이후	大宰府	다자이후
모모치해변	ももち海浜	모모치카이힝
나카스야 타이	中洲屋台	나카스야타이
아소산	阿蘇山	아소상
오타루운하	小樽運河	오타루운가
삿포로	札幌	삿뽀로
후라노	富良野	후라노
비에이	美瑛	비에이
하코다테	函館	하코다테
나가사키	長崎	나가사키
데지마	出島	데지마
사세보	佐世保	사세보
나하	那覇	나하
아메리칸 빌 리지	アメリカンビレッジ	아메리칸비 렛지
가이유칸	海遊館	카이유-칸
고쿠라성	小倉城	코쿠라죠-
사쿠라지마	桜島	사쿠라지마

Unit 02 일본 볼거리(예술, 공연 및 축제)
216쪽

가부키공연	歌舞伎公演	가부키코-엔
노	能	노-
분라쿠	文楽	분라쿠
우키요에	浮世絵	우키요에

불꽃축제	花火祭り	하나비마츠리
간다마츠리	神田祭	칸다마츠리
기온마츠리	祇園祭	기온마츠리
텐진마츠리	天神祭	텐진마츠리
사쿠라마츠리	桜祭り	사쿠라마츠리

관련단어 216쪽

관객 / 청중	観客 / 聴衆	칸캬쿠/쵸-슈-

Unit 03 나라이름

아시아 アジア 아지아 217쪽

대한민국 (한국)	韓国	칸코쿠
중국	中国	츄-고쿠
일본	日本	니혼
대만	台湾	타이완
필리핀	フィリピン	휘리핀
인도네시아	インドネシア	인도네시아
인도	インド	인도
파키스탄	パキスタン	파키스탄
우즈베키스탄	ウズベキスタン	우즈베키스탄
카자흐스탄	カザフスタン	카자후스탄
러시아	ロシア	로시아
몽골	モンゴル	몬고루
태국	タイ	타이

유럽 ヨーロッパ 유-롯파 218쪽

스페인	スペイン	스페인
프랑스	フランス	후란스
포르투갈	ポルトガル	포루토가르
아이슬란드	アイスランド	아이스란도
스웨덴	スウェーデン	스웨-덴
노르웨이	ノルウェー	노루웨-
핀란드	フィンランド	힌란도
아일랜드	アイルランド	아이루란도
영국	英国 / イギリス	에이코쿠 / 이기리스
독일	ドイツ	도이츠
라트비아	ラトビア	라도비아
벨라루스	ベラルーシ	베라루-지
우크라이나	ウクライナ	우쿠라이나
루마니아	ルーマニア	루-마니아
이탈리아	イタリア	이타리아
그리스	ギリシャ	기리샤

북아메리카 北米/北アメリカ 219쪽
호쿠베- / 키타 아메리카

미국	米国 / アメリカ	베이코쿠 / 아메리카
캐나다	カナダ	카나다
그린란드	グリーンランド	구린-란도

남아메리카 南米 / 南アメリカ		**219쪽**
난베- / 미나미 아메리카		
멕시코	メキシコ	메키시코
쿠바	キューバ	큐-바
과테말라	グアテマラ	구아테마라
베네수엘라	ベネズエラ	베네즈에라
에콰도르	エクアドル	에쿠아도루
페루	ペルー	페루-
브라질	ブラジル	브라지루
볼리비아	ボリビア	보리비아
파라과이	パラグアイ	파라구아이
칠레	チリ	치리
아르헨티나	アルゼンチン	아루젠친
우루과이	ウルグァイ	우루구아이

중동 中東 쥬-토우		**220쪽**
터키(튀르키예)	トルコ	도루코
시리아	シリア	시리아
이라크	イラク	이라쿠
요르단	ヨルダン	요루단
이스라엘	イスラエル	이스라에루
레바논	レバノン	레바논
오만	オマーン	오만-
아프가니스탄	アフガニスタン	아후가니스탄
사우디아라비아	サウジアラビア	사우지아라비아

아프리카 アフリカ 아후리카		**221쪽**
모로코	モロッコ	모롯코
알제리	アルジェリア	아루제리아
리비아	リビア	리비아
수단	スーダン	스-단
나이지리아	ナイジェリア	나이제리아
에티오피아	エチオピア	에치오비아
케냐	ケニア	케니아

오세아니아 オセアニア 오세아니아		**221쪽**
오스트레일리아	オーストラリア	오-스토라리아
뉴질랜드	ニュージーランド	뉴-지-란도
피지	フィジー	휘지-

관련단어		**222쪽**
국가	国家	콧카
인구	人口	진코우
수도	首都	슈토
도시	都会	토카이
시민	市民	시민
분단국가	分断国家	분단곳카
통일	統一	토-이츠
민주주의	民主主義	민슈슈기
사회주의	社会主義	샤카이슈기
공산주의	共産主義	코-상슈기
선진국	先進国	센신코쿠

개발도상국	開発途上国	카이하츠토죠-코쿠	상해	上海	샹하이
후진국	後進国	코-신코쿠	시드니	シドニー	시도니-
전쟁	戦争	센소-			
분쟁	紛争	훈소-			

Part 3 비즈니스 단어

Chapter 01. 경제　　　　　　228쪽

평화	平和	헤이와
고향	故郷	후루사토
이민	移民	이민
태평양	太平洋	타이헤-요우
대서양	大西洋	타이세-요우
인도양	インド洋	인도요우
3대양	三大洋	산다이요우
7대주	七大州	나나다이슈-

값이 비싼	値段が 高い	네단가 타카이
값이 싼	値段が 安い	네단가 야스이
경기불황	景気不況	케이키후쿄-
경기호황	好景気	코우케이키
공급받다	供給を 受ける	쿄-큐-오 우케루
공급하다	供給する	쿄-큐스루
고객 / 의뢰인	お客様 / 依頼者	오캬쿠사마 / 이라이샤
낭비	浪費	로-히
도산, 파산	倒産	토-상
불경기	不景気	후케이키
물가상승	物価上昇	붓카죠-쇼-
물가하락	物価下落	붓카게라쿠
돈을 벌다	お金を もうける	오카네오 모우케루
무역수지 적자	貿易収支赤字	보-에키슈-시아가지
무역수지 흑자	貿易収支黒字	보-에키슈-시쿠로지

Unit 04 세계 도시　　　　　　224쪽

로스앤젤레스	ロサンゼルス	로산제루스
뉴욕	ニューヨーク	뉴-요-쿠
워싱턴DC	ワシントンD.C.	와신톤디씨
샌프란시스코	サンフランシスコ	산후란시스코
파리	パリ	파리
런던	ロンドン	론돈
베를린	ベルリン	베루린
로마	ローマ	로-마
서울	ソウル	소우루
북경	北京	베킹
도쿄	東京	토-쿄-

상업광고	商業広告	쇼-교-코-코쿠
간접광고	間接広告	칸세츠코-코쿠
제조 / 생산	製造/生産	세이조우 / 세이상
수입	輸入	유뉴-
수출	輸出	유슈츠
중계무역	中継貿易	나카츠기보-에키
수수료	コミッション	코밋숀
이익	利益	리에키
전자상거래	電子商取引	뎅시쇼-토리히키
투자하다	投資する	토우시스루

관련단어 230쪽

독점권	独占権	도쿠센켄
총판권	一手販売権	잇테한바이켄
상표권	商標権	쇼-효-켄
상표권침해	商標権侵害	쇼-효-켄신가이
특허권	特許権	톳쿄켄
저작권	著作権	초사쿠켄
저작권침해	著作権侵害	초사쿠켄신가이
특허권침해	特許権侵害	톳쿄켄신가이
인증서	認証書	닌쇼-쇼
해외법인	海外法人	카이가이호-징

자회사	子会社	코가이샤
사업자등록증	事業者登録証	지교-샤토-로쿠쇼
오프라인	オフライン	오후라인
온라인	オンライン	온라인
레드오션전략	レッドオーシャン戦略	렛도오-샨 센랴쿠
블루오션전략	ブルーオーシャン 戦略	부루-오-샨 센랴쿠
퍼플오션전략	パープルオーシャン 戦略	파-부루오-샨 센랴쿠
인플레이션	インフレーション(=インフレ)	인후레-숀 (인후레)
디플레이션	デフレーション(=デフレ)	데후레-숀 (데후레)
성공	成功	세이코-
실패	失敗	싯파이
벼락부자	成金	나리킨

Chapter 02. 회사
Unit 01 직급, 지위 232쪽

회장	会長	카이쵸-
사장	社長	샤쵸-
부사장	副社長	후쿠샤쵸-
부장	部長	부쵸-
차장	次長	지쵸-
과장	課長	가쵸-
대리	代理	다이리

주임	主任（しゅにん）	슈닝
사원	社員（しゃいん）	샤잉
상사	上司（じょうし）	죠ー시
동료	同僚（どうりょう）	도ー료ー
부하	部下（ぶか）	부카
신입사원	新入社員（しんにゅうしゃいん）	신뉴ー샤잉
계약직	契約社員（けいやくしゃいん）	케이야쿠샤잉
정규직	正社員（せいしゃいん）	세이샤잉

관련단어　　　　　　　　　　233쪽

임원	役員（やくいん）	야쿠잉
고문	顧問（こもん）	코몬
중역	重役（じゅうやく）	쥬ー야쿠
전무	専務（せんむ）	센무
상무	常務（じょうむ）	죠우ー무
대표	代表（だいひょう）	다이효우

Unit 02 부서　　　　　　　　　　234쪽

구매부	購買部（こうばいぶ）	코우바이부
기획부	企画部（きかくぶ）	키카쿠부
법무부	法務部（ほうむぶ）	호ー무부
연구개발부	研究開発部（けんきゅうかいはつぶ）	켄큐ー카이하츠부
관리부	管理部（かんりぶ）	칸리부
회계부	会計部（かいけいぶ）	카이케이부
영업부	営業部（えいぎょうぶ）	에이교ー부
인사부	人事部（じんじぶ）	징지부

자금부	資金部（しきんぶ）	시킹부
경영전략부	経営戦略部（けいえいせんりゃくぶ）	케이에이센랴쿠부
해외영업부	海外営業部（かいがいえいぎょうぶ）	카이가이에이교부

Unit 03 근무시설 및 사무용품　　　　　　235쪽

컴퓨터	コンピューター	콘퓨ー타ー
본체	本体（ほんたい）	혼타이
모니터	モニター	모니타ー
마우스	マウス	마우스
태블릿	タブレット	타부렛토
노트북	ノートパソコン	노토파소콘
책상	机（つくえ）	츠쿠에
서랍	引き出し（ひきだし）	히키다시
팩스	ファックス	핫쿠스
복사기	コピー機（き）	코피ー키
전화기	電話機（でんわき）	뎅와키
A4용지	A4用紙（ようし）	에이포요ー시
스캐너	スキャナー	스캬나ー
계산기	計算機（けいさんき）	케이상키
공유기	アクセスポイント	아쿠세스포인토
일정표	日程表（にっていひょう）	닛테이효ー
테이블	テーブル	테ー부루
핸드폰	携帯電話（けいたいでんわ）	케이타이뎅와
스마트폰	スマートフォン	스마ー토혼

재부팅	再起動 さいきどう	사이키도우
아이콘	アイコン	아이콘
커서	カーソル	카ー소루
클릭	クリック	쿠릿쿠
더블클릭	ダブルクリック	다부루쿠리쿠
홈페이지	ホームページ	호무페ー지
메일주소	メールアドレス	메ー루아도레스
첨부파일	添付ファイル てんぷ	텐푸햐이류
받은편지함	メールの受信箱 じゅ しんばこ	메루노 쥬신바코
보낸편지함	メールの送信箱 そう しんばこ	메루노 소ー신바코
스팸메일	スパムメール	스파무메ー루
댓글	スレッド	스렛도
방화벽	ファイアウォール	화이아워ー루

Unit 04 근로

고용하다	雇う やと	야토우
고용주	雇用主 こ ようぬし	코요우누시
임금 / 급여	賃金/給与 ちんぎん きゅう よ	친깅 / 큐ー요
수수료	手数料 て すうりょう	테수ー료ー
해고하다	解雇する かい こ	카이코 스루
인센티브	インセンティブ	인센티부
승진	昇進 しょうしん	쇼ー신

출장	出張 しゅっちょう	슛쵸ー
회의	会議 かい ぎ	가이기
휴가	休み やす	야스미
출근	出勤 しゅっきん	슛킹
퇴근	退勤 たいきん	타이킹
조퇴	早退 そうたい	소우타이
지각	遅刻 ち こく	치코쿠
잔업	残業 ざんぎょう	잔쿄ー
연봉	年俸 ねんぼう	넹보ー
이력서	履歴書 り れきしょ	리레키쇼
가불	仮払い かりばら	카리바라이
은퇴	引退 いんたい	인타이
회식	会食 かいしょく	가이쇼쿠

연금	年金 ねんきん	넹킹
보너스	ボーナス	보ー나스
월급날	月給日 げっきゅう び	겟큐ー비
아르바이트	アルバイト	아루바이토
급여인상	給与引き上げ きゅうよ ひ あ	큐ー요히키아게

Chapter 03. 증권, 보험

증권거래소	株式取引所 かぶしき とりひきじょ	가부시키토리히키조
증권중개인	株式仲買人 かぶしき なかがいにん	카부시키나카가이닝
주주	株主 かぶぬし	가부누시

주식 / 증권	株式 / 証券	가부시키 / 쇼-켄
배당금	配当金	하이토-킹
선물거래	先物取引	사키모노토리 히키
주가지수	株価指数	카부카시스-
장기채권	長期債券	쵸-키사이켄
보험계약자	保険契約者	호켄케이야 쿠샤
보험회사	保険会社	호켄가이샤
보험설계사	保険外交員	호켄가이코- 잉
보험에 들다	保険に入る	호켄니하이루
보험증서	保険証書	호켓쇼-쇼
보험약관	保険約款	호켄약칸
보험료	保険料	호켄료-
보상금	報償金	호-쇼-킹
피보험자	被保険者	히호켄샤

관련단어   241쪽

보증양도 증서	保証譲渡証 書	호쇼-죠-토 쇼-쇼
파생상품	派生商品	하세이쇼-힝
보험해약	保険解約	호켄가이야쿠
보험금	保険金	호켄킹
투자자	投資家	토우시카
투자신탁	投資信託	토우시신타쿠
자산유동화	資産流動化	시산료-도 우카

유상증자	有償増資	유-쇼-조- 시
무상증자	無償増資	무쇼-조-시
주식액면가	株式額面価	카부시키가쿠 멘카
기관투자가	機関投資家	키칸토-시카

Chapter 04. 무역   242쪽

물물교환	物物交換	부츠부츠코- 칸
구매자, 바 이어	購買者 / バイヤー	코-바이샤 / 바이야-
클레임	クレーム	쿠레-무
덤핑	ダンピング	단핀구
수출	輸出	유슈츠
수입	輸入	유뉴-
선적	船籍	센세키
무역 보복	貿易報復	보-에키호- 후쿠
주문서	注文書	츄-몬쇼
LC신용장	LC信用状	엘씨 신요- 쵸-
관세	関税	칸제이
부가(가 치)세	付加税	후카제이
세관	税関	제이칸
포워더(세관 중개인)	フォワーダー	효와-다-
보세구역	保税地域	호제이치이키

왕초보 일본어 단어장
WCB Japanese Word Master

김현화, 장현애 저 | 148*210mm
260쪽 | 14,000원(mp3 파일 무료 제공)

일상생활 유창한
일본어회화 420

이원준 엮음 | 128*188mm
420쪽 | 14,000원(mp3 파일 무료 제공)

일상생활 일본어 회화 급상승

이원준 엮음 | 148*210mm
332쪽 | 15,000원(mp3 파일 무료 제공)

잼잼 쉬운 일본어 첫걸음

이원준 저 | 170*233mm | 308쪽
15,000원(mp3 파일 무료 제공)